我的第一次探索
科普图书馆

春敏 主编

历史深追踪

上海科学普及出版社

图书在版编目（CIP）数据

历史深追踪 / 廖春敏主编 . —上海：上海科学普及出版社，2014.9（2018.4 重印）

（我的第一次探索）

ISBN 978-7-5427-6204-7

Ⅰ.①历… Ⅱ.①廖… Ⅲ.①科学知识—普及读物 Ⅳ.① Z228

中国版本图书馆 CIP 数据核字 (2014) 第 175428 号

策　　划　胡名正
责任编辑　刘湘雯

我的第一次探索

历史深追踪

廖春敏　主编

上海科学普及出版社出版发行

（上海中山北路832号　邮政编码 200070）

http://www.pspsh.com

各地新华书店经销　　三河市恒彩印务有限公司印刷

开本 889mm×1194mm　1/16　印张 8　字数 160 000

2014年9月第1版　2018年4月第2次印刷

ISBN 978-7-5427-6204-7　　　　　定价：23.80 元

FOREWORD 前言

爱因斯坦曾说过:"探索是人类最美妙的事情。"人类一直以来就对世界万物,以及那些曾经发生过的一切充满了无限好奇和探索解密的兴趣。

我们所生活的星球到底是怎么产生的,它为什么能和宇宙中存在的其他星球不同?

飞出我们的星球,外面的宇宙世界又会是什么样子的呢?

我们人类、动物、植物,又是怎么安然无恙地生存在这个星球上的?尤其是人类,一个具有独立思维,能够改变世界的生物,这个精密的机器是怎么运转的,又是用什么方法改变着这个世界的?还有,人类过往的历史又是什么样的呢?

人类为了让自己在这个星球上生活得更好做了很多努力,推动着科学技术不断发展,我们的生活都发生了哪些变化呢?

其实,世界上每一个事物,每一个现象,本身就是一个奇迹,里面必然包含着很多的惊奇,我们每个人,如果懂得去挖掘里面的玄机和奥妙,对世界自然会豁然开朗许多。尤其是青少年学生,打开科学的第一扇门对日后的学习和生活都有至关重要的作用。为了更好地引导小读者们打开思路,勇于探索前进道路中所见所知的事与物,我们专门编写了本丛书——"我的第一次探索",分为4分册:《自然大发现》、《身体全揭秘》、《科学总动员》和《历史深追踪》。本册《历史深追踪》,主要讲述人类起源、迁徙、文明萌芽、古代发达文明、探险、科技发展等历程,所选的每一个知识点都采用朴实的语言进行阐述，利于青少年读者从自己的身边开始，发现人类历史发展的奥秘，进而激发他们深入探索的欲望。

为了给读者创造更好的阅读享受，让阅读本书成为一种真正的探索体验，参与本书编撰出版的诸位老师：廖春敏、李坡、孙鹏、王玲玲、刘佳、陈晓东、李立飞、白海波等，在文字撰写、图片使用、版面设计上都倾注其所有心思，力求做到文字充满青春张力、图片新颖贴切、设计清丽明快。在此感谢以上各位老师为本书所做的各种工作！

最后，希望本书能够成为青少年读者打开探索之门的第一本书。

编 者

CONTENTS 目录

史前的记忆 ……………… 1
寻找失去的连接点 ……… 2
生命的火种 …………… 4
史前人类自由的征程 …… 6
最后的尼安德特人 ……… 8
成为智人 ……………… 10
最早的欧洲人 ………… 12
澳洲土著人真的是"土著"吗 14
一次艰苦的旅程 ……… 16
"新月沃土" ………… 19
城镇出现了 …………… 21
欧洲人住在"长屋"里 … 23
亚洲人最爱吃水稻 …… 25
美洲人,从游猎到农耕 …… 27

失落的文明 ……………… 29
新月初兴——苏美尔城邦文明 30
汉谟拉比,以神之名 …… 31
赫梯:马匹和战车上的王国 … 34
亚述:霸者的野蛮征服 … 35
波斯:横跨亚非欧的帝国 … 36
帕提亚王朝与萨珊王朝 … 39
隐藏在河谷中的城市 …… 41
苍穹下的孔雀王朝 …… 43

尼罗河畔的古埃及 ……… 45
散落在沙漠上的遗珠 …… 48
克里特岛迷宫之谜 …… 50
迈锡尼英雄的末路 …… 52
古典时代:寻找最初的梦想 … 54
希腊化的世界 ………… 57
扩张,扩张 …………… 59
在世界的另一边:中国 … 62
最早的日本生活 ……… 64
安第斯高山上的崇拜 …… 66
奥尔梅克人巨石雕刻 …… 67
玛雅人的轮回 ………… 68

改变世界的人类探险 ……… 71
埃及人、腓尼基人和希腊人 … 72
从欧洲到亚洲 ………… 74
维京人的掳掠 ………… 76
波利尼西亚人航海记 …… 78
葡萄牙,大航海时代急先锋 … 81
新的地方和新的英雄 …… 83
"康魁维斯特德"征服 … 85
环游世界 ……………… 87
进入加拿大 …………… 88
向美洲进军 …………… 91

■ 我的第一次探索

发现"南方大陆" …………93	古印度千年外科手术 ………108
库克船长的旅行 …………95	阴、阳和气 …………………110
穿越澳大利亚 ……………97	古希腊的"体液平衡"论 …112
"黑色大陆"的秘密 ………99	可怕的瘟疫大流行 …………113
抢先到达"北极点" ………101	理发师当上了外科医生 ……115
最后一块陆地 ……………103	杀死细菌！………………117
	让疾病成为历史 ……………119

古今战"疫" ………………105
　　医学从"蒙昧"走来 ………106
　　一次偶然的"伟大发现" …121

·2·

史前的记忆

SHIQIAN DE JIYI

我的第一次探索

寻找失去的连接点

> 或许，最大的史前神话是人种是如何开始的。许多科学家认为：现代人类是几百万年前从一种更像类人猿的物种逐渐演变而来的。他们希望找到一个失去的连接点，即在现代人和我们动物祖先之间的半猿半人的这一生物。

没有人发现这一中介物种。但是古生物学家已经发现了一群称为早期原始人的遗骸，它们是与人类有许多相似地方的动物。原始人看起来更像类人猿，头脑比现代人小，但是它们用两脚走路，并会使用简单的石头工具。或许，我们的祖先就是它们。

没有人曾经看见过一具完整的早期原始人的骨骼。通常，留下的是一部分骨头或者一颗牙齿。科学家努力地从这些稀有的证据中研究原始人。然而，通常他们对一个特定的发现属于哪一个特定的种类以及不同的种类相互之间的关系并没有一致的意见。

在400万年前到80万年前，生活在非洲的最早的原始人被称为更新纪灵长动物（南方古猿）。它们站立并直立行走，但比现代人矮，直立身高在1~1.5米。它们与现代人有相似的外形，但是它们扁平鼻子的脸看起来像类人猿。它们的大脑比现代人

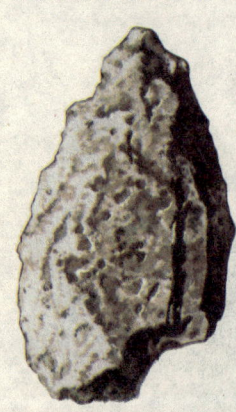

↗ 鹅卵石工具

早期的原始人把石头凿出缺口以制造简单的有棱角的工具。

↗ 露西

这是目前发现的最完整的生活在超过300万年前的一个人种的骨骼复原图。考古学家们给它取名"露西"。这些骨骼显示它是一个瘦的女性，身高超过1米，体重大约27千克，能够直立行走。纤细的身材与直立的姿势表明它比其他南方古猿更类似人。

历史深追踪

◎ 能 人

自从路易斯·李基1964年发现了能人的第一个种类后,非洲许多相似的遗址也被发现了,特别是在肯尼亚和坦桑尼亚的有着丰富化石的河床中。尽管不能确认这些生物是不是人类的祖先,但它们确实是我们的近亲。

↗ 强有力的手
能人的手能紧紧地抓住物品。这一特点再加上其大脑的大小表明这一生物能够制造简单的工具,并有可能会利用树枝与树叶建造简单的庇护所。

↗ 欧杜瓦伊峡谷遗址
位于东非塞伦格迪平原的欧杜瓦伊峡谷是最重要的人类遗址之一,包括能人在内的几种人属化石就是在这儿发现的。这使得它成为寻找人类起源的一个重要的场所。欧杜瓦伊峡谷遗址包括了从10万年前到200万年前诸多化石的遗址,最古老的化石深埋于最深的岩石中。从粗糙的鹅卵石到石斧,散落的工具就在制造这些工具的生物的尸骨旁边。

↗ 南方古猿非洲种的头颅
尽管南方古猿非洲种比粗壮南方古猿有更为健壮的头颅,但是仍有一个沉重的颚骨。现在人们还不知道这两个种类之间的关系。

小很多,但比今天的黑猩猩和大猩猩要大。

南方古猿可能把绝大多数时间花在地面上。像现代的大猩猩与黑猩猩一样,它们爬到树上以躲避敌人或避雨。它们牙齿的遗骸表明它们主要吃植物和少量的肉类。它们可能也使用简单的工具。

1964年,古生物学家路易斯·李基宣布发现了一种未知原始人的化石。它比南方古猿的头脑大,因此李基决定把它放在人属中,是与我们一样的人种。这一化石约为170万年前,是人类最古老的近亲。在其遗迹的附近发现了石器,因此李基给这一化石命名为"能人"(敏捷的人)。

像现代人一样,能人可能吃一些肉,但没有人知道它们是为食物而打

■ 我的第一次探索

猎还是吃别的动物留下的肉。考古学家在动物骨头附近发现了石器，如由卵石做成的简单的斧子与锤。它们可能过半游牧的生活，为了食物在一地居住一段时间后再到另一地。当他们迁徙时，就把工具留下了。

生命的火种

> 对火的使用是人类文化演化的转折点。有了火，人类可以烹煮食物，并从加热过的食物中摄取蛋白质和碳水化合物。火又提供温暖，使人类在寒冷的夜间，以及寒冷的气候中活动。火提供了天然光源外的另一选择，也给予人类抵御外来食肉动物的入侵的能力。

约在160万年前，一些原始人已经掌握了一门全新的技术。他们学会了如何使用火，这极大地改变了他们的生活。突然之间，他们能够烹饪食物，而不是吃生肉与植物。在冬天里，他们能够使得漏风的洞穴与躲藏地变得温暖。热与光还可以被用来防御动物。火的出现意味着他们比更早的原始人过着更为安全舒适的生活。

掌握火的原始人大约1.5米高。与先前的原始人相比，他们的大脑更大，四肢更长，更像现代人类。科学家们把他们称为"直立人"。直立人在其他方面更为发达。他们制造的工具比以前的

↗ 直立人

穴居的直立人准备在他们的洞前烤肉。在烤肉之前，一人在准备石头工具以切割动物，另一个看护火，两个小孩协助一个大人肢解动物尸体。

◎食物与资源

由于脑容量更大，与先前的人属相比，直立人更善于打猎和发现新的食物种类。他们穿越非洲可能是为了寻找新的食物来源，他们既打猎也采集植物，可能猎杀受伤的动物或者吃其他食肉动物留下的肉。

↗ 毛犀牛

直立人尝试吃猎物的肉。他们可能吃像这种毛犀牛的大型动物，集体狩猎并分享猎物。

↗ 东图尔卡纳

靠近肯尼亚山脉与河流的东图尔卡纳是150万年前直立人的第一个家园。

原始人更好，他们发明了手斧，这是一种有着两个锋利刃的锐利的石头工具。手斧用来砍肉，因此直立人能够更有效地宰杀动物。这使得他们有着更大的动力发展他们的技术，例如发明诸如切刀这样更小的工具。

与更早的原始人相比，直立人有着更为发达的社会技巧。他们可能已经发展出简单的语言，这使得他们可以相互交谈与协作，意味着他们可以作为一个团体执行任务，如狩猎大型的动物。在打猎过程中，他们也使用火。一些考古学家认为：他们举着火把把大型动物驱赶到伏击地，这时候一大群人就会一起杀死动物。

火的出现也意味着他们能够在更为寒冷的气候条件下生存下来。这使得直立人比以前的人类走得更远。像能人，它们可能总是处于迁移的状态，搭建暂时的宿营地作为打猎和采集的基地。一些居住地可能是季节性的，在春夏季节，当水果、叶子和坚果丰富时，它们就居住下来。但是直立人走得更远，走出了他们的出生地非洲，作为第一种人属定居在亚洲与欧洲。

■ 我的第一次探索

史前人类自由的征程

出于各种各样的原因,人类往往不会总是待在一个地方,而是要进行大规模的迁徙。在遥远的史前时代,游牧生活居无定所,对原始人类来说本来就是一件很寻常的事情。

自从原始人学会用火围猎,它们身处的环境便开始有了变化,因为火猎基本是一次性的,如果一个地区重复放火,那么林区很快就会变成灌木区,灌木区变成草原甚至荒漠。那个时候,我们的祖先,就不得不离开这块贫瘠的土地,寻找新的伊甸园,当然他们不知道,那个伊甸园也很快就会被他们糟蹋成荒漠。当然,火猎并非一无是处,最大的好处是,充足的食物带来人口的迅速膨胀!膨胀的人口更加迅速地毁灭人类的生存环境,于是人们被迫四处迁徙。

约在100万年前,世界上的野生动物都在迁移中。许多热带动物开始向北、向南迁徙。逐渐地,它们离开了热带丛林,来到地球上更冷的地方。早期原始人寻找食物比较困难,于是直立人尾随热带动物来到更为湿润的地方定居。为此,他们迁徙了很长的距离,从现代的非洲远到现在的爪哇、中国、意大利和希腊。

在欧洲和亚洲,直立人建立了许多可供来年返回的营地。在中国,周口店的洞穴是最著名的定居地之一。原始人在这里待了几十万年(从60万年前到23万年前),考古学家在这块遗址发现了超过40个直立人的遗存物。在洞穴中,考古学家发现了各种工具,包括斧头、刮刀、锥子、尖石和切削工具,绝大多数是石英材料。年代越近的工具,其制作越小越精密。在周口

↗ 狩猎

一群直立人一起努力在沼泽地中捕杀大象。他们正准备靠近一头大象,用木矛和木棍攻击大象。

历史深追踪

大事记

* 100万年前，直立人在欧杜瓦伊峡谷定居。
* 100万年前，直立人发明了手斧。
* 公元前90万年，直立人出现在爪哇中部。原始人的长距离迁徙表明他们适应了不同的环境。
* 公元前70万年，直立人经由约旦、雅姆克河以及以色列到达吴比迪亚。
* 公元前50万年，直立人在欧洲定居。
* 公元前40万～前23万年，直立人生活在中国北京的周口店。

他们采集树叶与坚果，同时也足够聪明地猎捕大型的动物。这种人随季节迁徙，假如他们不能找到洞穴，他们就用树枝与石头建造简易的躲藏地。他们或许裹着兽皮以在冬天取暖。

有一个非常令人不解的地方是，许多保留下来的直立人头颅的底部被移动过，一些科学家认为底部被移动才会使活着的人能够取出大脑。难道这些人类最早期就有吃同类的习惯吗？也可能还有其他的原因，例如作为盛水的容器。

另一个不解之处是直立人是怎样灭绝的。距今20万年以后就没有留下直立人的遗迹了。人们不清楚他们灭绝是由于他们的食物供应不足，还是疾病或者其他的原始人杀死了他们。

店遗址也发现了火的遗迹。欧洲和东南亚地区的直立人的遗址中也有相似的发现。它们揭示：存在一种人类，

○ 古老的文明

与更早的原始人相比，早期直立人可以制造各种工具，尽管大量保存下来的物品是他们的石头工具。他们是熟练的石工，制造锋利的工具用来切肉、砍植物和划兽皮。或许他们也是制木者，用木头来建造简单的房子，以及制造矛与棍等武器。

← 颜料

在欧洲波希米亚的比科福，人们发现石头上点缀了红褐色，一种自然土的颜料。这些发现所属的年代是25万年前，这表明人类或许已经在装饰他们自己的身体或他们制造的东西了。他们把赭石和脂肪混在一起作画。

← 直立人

直立人看起来更像现代人——除了他们那像猿的脸。但是他们没有现代人高。

→ 双刃石器

直立人最常用的且最有用的工具是双刃石器。这种双刃石器用来砍或剁东西，拿在手里正合适，易于携带。

最后的尼安德特人

> 当尼安德特人的遗迹第一次被发现后,越来越多的证据显示他们曾繁衍得非常成功。但到了3万年前左右,尼安德特人突然又消失了。

1856年,科学家在德国的尼安德山谷的一个山洞发现了尼安德特人的重要遗迹,这一人种也因此得名。3年后,达尔文的《进化论》就出版了。此后至今,欧洲大陆不断发现尼安德特人。很长一段时间,从大约20万年前到2.8万年前,尼安德特人遍布欧洲大陆及地中海区域。

典型的穴居人通常被描绘为有着大骨头、眉脊发达、面部不明显的矮壮的人种。我们所知的,7万到3.5万年前,生活在欧洲和中东的尼安德特人看上去更像是这样。在原始人中,他们是我们最近的亲属,由于有着和我们差不多的脑容量而比较聪明。事实上,由于尼安德特人与我们现代人类如此相似,以至于一些科学家把它们归入我们的种类,属于人类的一个亚种(早期智人尼安德特人)。其他的科学家单独把它们归为一个人种(尼安德特人)。

尼安德特人用他们的智慧制造工

○尼安德特人的生活

在尼安德特人生活的大多数时间中,欧洲与亚洲处于冰川纪。尼安德特人不得不适应严寒,用兽皮做衣服,寻找躲避所。这些生活必需品与他们较大的大脑结合在一起,使得他们更具有发明能力和适应性。

砍研器

刮削器

↗ 花粉粒
在显微镜下研究史前的花粉,科学家们发现有桤木、桦树、橡树以及榆树生长在尼安德特人生活的地区。

穿孔器

↗ **尼安德特人的工具**
尼安德特人发明了各种工具用来刨、切、剁、割。这些技巧经过了许多代的发展才完成。

↗ **尼安德特人的墓穴**
在法国圣沙拜尔的一个墓穴中发现的尼安德特人骨架呈弯曲状。这意味着此人患有关节炎。

历史深追踪

具发展技术。尽管他们的工具仍然是石头做的，但是它们已经专门化了，如凿子、钻孔器。他们通过小心地凿石头制造工具。要制造出锋利的、大小合适的薄片，尼安德特人的工具制造者们需要技巧、耐心以及丰富的实践经验。

有关尼安德特人最令人感兴趣的地方来自于他们的安葬地。从法国的道格纳到伊朗的扎格罗斯山脉，考古学家已经发现了好几处。这些遗址显示他们的尸体被仔细地保存在洞穴中，动物的角、骨头等被精心地放在他们的周围，因此可能是作为安葬仪式的一部分。

像这样的遗址使得现代的考古学家相信尼安德特人是第一种发展出安葬仪式的原始人。安葬地点也为科学家们提供了大量的证据，使得科学家们可以从他们矮壮的身躯到他们头和脑的大小研究出这些人看起来长得什么样。

一些骨骼显示了死者骨头疾病的症状，如关节炎，已经得病好多年了。患有这种疾病的人是不可能出去打猎与采集的，家庭的其他成员必定得照料、抚养他们。由于有智力，尼安德特人可能是最早的护理者，他们照顾那些不能保护自己的亲属。在3.5万年前，尼安德特人灭绝了，原因未知。可能由于疾病或者被生活在同时期的克罗马农人（一种早期智人）灭绝了，新的证据表明尼安德特人曾与克罗马农人通婚。

↗ **埋葬**
一群尼安德特人安葬他们一个死去的同类。当哀悼者旁观时，两个尼安德特人把花粉和花仔细地撒在死者的身上和周围。同时放置动物的角，以此为坟墓做记号。像这样的安葬是已知的最早的祭奠仪式。

■ 我的第一次探索

成为智人

智人是生物学分类中，我们全体人类的一个共有名称（学名）。目前，地球上居住着大约70亿人，这些全都是智人。

关于智人最早出现在地球上的时期有各种不同的推测，通常认为是在大约20万年前。从生物进化的观点看，20万年只是很短的时间。就是在这很短的时间里，智人达到了令人瞠目结舌的繁荣。从热带到南北两极，全世界凡是有陆地的地方基本上都有人类居住。一种动物的分布如此之广，唯有我们智人。

尼安德特人存在的时候，欧洲人种的成员"早期智人"或"智人"也在地球上的许多地方生活着。在一些地方，尼安德特人和智人甚至生活得很近，这也意味着尼安德特人不可能是我们的直接祖先。假如他们一起生活，那么我们就可能从两个种类演变而来。

早期智人可能从直立人，或从其他我们还没有发现的原始人演变而来。在世界上所有遗迹发现的原始人

↘ **处理兽皮**
打猎来的动物不仅仅是肉的来源。大型动物的皮可以取下来，清理干净修理好。然后它们被制成衣服，制成遮盖物，以及简单的包和袋子。

↘ **智人的体型**
早期智人的体型与现代人看起来相似，除了他们身材矮一些。他们直立的身材可以使他们适应两腿行走。

骨头化石好像都具有直立人与早期智人的特征。尽管大小相似，但是这些原始人在眼睛上面都有眉脊以及平的头颅，而不是呈穹顶状。他们生活在15万~12万年前，被考古学家归类为早期智人。

一些智人在这些"古代"智人骨头之后不久出现。一些专家认为：人类是在非洲的一个地区演变而来，然后逐渐地迁徙到世界各地，被考古学家称为"非洲起源"说。这种学说依赖于对DNA的研究，是对智人身体中包含的基因进行化学分析的结果。

其他的科学家相信现代人是在世界各地分散地演变而来的。例如，在东南亚的人是从爪哇的直立人演变来的。欧洲人是从中东的原始人演变来

历史深追踪

○ 早期的打猎者

早期智人生活中最重要的事情就是寻找食物。有些人群在草原上捕猎羚羊群。其他的人尾随山羊或野羊到山上，或者到海边捕猎海豹与其他海洋生物。

↙ 骨雕
人类是唯一的艺术家，早期的猎人喜欢雕刻他们打猎得来的生物，而动物的骨头就是理想的材料——足可以用来雕刻，而且又有一定硬度。

→ 以色列卡夫扎遗址的头颅
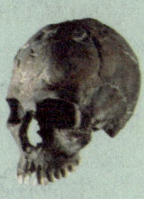
这是令考古学家疑惑不解的几种头颅之一。专家们不能确定这是尼安德特人的，还是智人的。最新的研究表明，这是两种原始人一起生活并杂交的种类，因此像这样的人种具备两者的特征。

↗ 火
直立人发现的火是早期智人继承的巨大的技术进步。

↗ 海豹
对生活在海边的北方人来说，海豹等是有价值的猎物。这些动物可以提供肉类、兽皮、骨头（用来制造工具）以及鲸油。

我的第一次探索

的，是他们与尼安德特人的混种。

从10万年到9万年前，现代的人类在南部与东部非洲演变出现。从这儿，他们向北迁移，穿过撒哈拉到达中东。几万年前，撒哈拉沙漠比现在潮湿，覆盖着大片的草场，并有食草动物，原始人可以轻易地穿越撒哈拉。到7.5万年前，在东亚出现了现代人类。后来他们到达并在欧洲定居。

人类的祖先穿越大部分地球，他们在不同的环境下定居了，从炎热的非洲草原到严寒的北欧森林。他们努力地适应新的环境，利用当地的资源来制造衣服和住所，发现植物、动物并学会了如何捕鱼。这些早期的人类与其他人种相比更为先进。

最早的欧洲人

> 远在距今3万年前，欧洲大陆上出现了一种寿命不长（平均寿命不超过40岁），智慧较高的早期人类，叫做克罗马农人。他们是最早的一群欧洲人。

生活在欧洲的最早人类的生活是艰苦的。那时的气候比现在寒冷，食物也难以寻觅，并且在树林中潜伏着危险的野兽。人类通过不断地适应，在制造工具和居所方面不断变得熟练，从而继续生存下来。渐渐地，经过几千年考验，他们掌握了基本的生存技巧。

早期的欧洲人常被称为克罗马农人，其主要遗址在法国的道格纳。克罗马农人把兽皮制成衣服以保暖。只要可能，他们会在洞穴中躲避，但是

大事记

* 公元前3.5万年，尼安德特人灭绝。在欧洲，智人成为唯一的人种。
* 公元前2万年，法国和西班牙制造石器的人发现如何烘焙燧石，使其具有更好的外形。
* 公元前1.6万~前1.2万年，人类在俄罗斯和西伯利亚定居。在美兹里，人们用猛犸骨头修建小屋。
* 公元前6 000年，欧洲人发展了细石器制作。

●●●● 历史深追踪

↗ 猎人的营地
早期的打猎者得走很远的路来寻找食物，但是会返回那些在水源地和有躲避所的营地。一个营地可以供同一部落或群体的成员使用上千年。

自然的居所并不是容易找到的。他们学会了如何利用所发现的材料来建造简单的家。树枝提供了简单的框架，上面覆盖草皮或动物皮以避风雨。另一种方法是利用猎杀的猛犸那巨大的骨架制造框架。

克罗马农人是熟练的工具制造者。他们最好的最锋利的工具是用燧石制造的，他们可以把它打造成针头与小刀这样小的工具。小片的石头可以被雕成尖角的针，而鹿角可用来制作诸如锤子之类的工具。

树木是另一种有用的材料。小的石头薄片可以镶嵌在树枝上，做成一个带柄的刀。矛柄也是木头的。树木还有其他的用途，诸如制成简单的容

○ 增长的技巧

早期智人的工具和化石显得原始，但是早期人类事实上已经很聪明了。他们利用他们的能力适应不同的环境。在这一时期，人类的语言已开始发展，但不幸的是没有留下记录。

↙ 山羊
这种山羊生活在中东的山地地区，是猎人们打猎时常见的猎物。猎人们会把一群猎物驱赶到一个峡谷，然后尽力捕杀猎物，并共同分享猎物。

↗ 工具
人类学会了使用几种不同的原料制造工具。假如没有适合的石头，人类就用骨头和鹿角制造刀和骨槌等工具。

· 13 ·

我的第一次探索

器，但是所有的证据都已经随着时间的流逝而消失了。

早期欧洲人最伟大的进展是其艺术，石刻和岩壁画告诉我们许多有关他们日常生活的情况。动物的图案表明他们狩猎猛犸、犀牛、牛和鹿。它们的皮也可能制造人们身上所穿的衣服。女性的雕像表明人们崇拜母性神或生殖能力强的女神。这些足够聪明能够创作艺术和制造工具的早期欧洲人可能也有一个发达的社会组织。尽管他们生活在以家庭为基础的关系中，但是很有可能，这些小的群体在某一时候聚居在一起生活。他们一起生活可能是出于打猎的需要，或者为了纪念一年中某一重要的宗教仪式。

澳洲土著人真的是"土著"吗

> 澳洲大陆没有人类起源的条件，在它的原生动物群里，别说猿类，连只猴子都没有。那么，最早的澳洲土著人来自何方，来自何时，原来那些又是什么人呢？

在冰川期，海平面比现在低很多。把澳洲与其他陆地，诸如帝汶岛分开的海峡很狭窄。因此，岛上的人乘着简易的竹筏或小船就可以出海捕鱼或捕捞贝类。大约在3.2万年前，一些印度尼西亚人发现自己来到了现在的澳洲海岸。没有人知道他们是有意来到这块大陆，还是在他们捕鱼的时候被风吹来的。他们离开了原来的岛屿，来到这里，成为澳洲大陆第一批定居者。

在澳洲留下的早期定居点遗迹很分散。人们分散在大片土地上，并通过乘船和行走到达了很远的距离。石头工具、钻木取火、贝类残骸、鱼骨头和其他的残留物表明，在3.2万年~2.4万年前，存在着分散的人口。重要的遗迹包括澳洲西部佩思地区附近的莱尔洞穴、北部地区克里兰山附近的石头躲避所，以及澳洲南部的库纳尔达洞穴。

在莱尔，考古学家们发现了用于宗教仪式的东西。它们是几个石片以及一个有着人类牙齿的坑，这些牙齿

独木舟

早期的航海者，像那些第一批穿过东南亚到达澳洲的人一样，凿空并打磨木头来制造简易的独木舟。

是被人狠狠打下来的。在库纳尔达洞穴，居民们在石壁上勾画了线条。当地的澳洲人一直到20世纪还进行石雕活动。这些史前时期的发现表明了澳洲本地文明可以追溯到很早以前。

许多早期的澳洲遗迹已经被使用了几千年，对考古学家来说，鉴别真正的古代艺术与现代的赝品是困难的。在普里提加拉，有一个石头躲避所已经被使用了近7 000年了。

3.2万年前，人类已经到达了澳洲东南顶端的塔斯马尼亚岛。他们在那儿一直生存到冰川期的结束，那是最严寒的时期，大陆的许多地方都被草原和冻原覆盖。他们生活在洞穴和石头躲避所中，依靠猎捕当地的动物——主要是袋鼠和沙袋鼠——为生。新的塔斯马尼亚人发展出自己的艺术形态。他们在石墙上作画，工具

历史深追踪

分散的人类

为了寻找食物和适合的居住地，早期的澳洲人跨越了很长的距离。当他们定居下来后，他们就稀疏地扩展。居住地发展的过程是缓慢的，扩展到整个澳洲花费了上千年的时间。

手形图案

像这样的手形图案可能是把颜料涂在艺术家的手上绘制成的。至少从公元前2.2万年起，在澳洲就开始实践这种艺术形式了。在澳洲南部和东部的洞穴中发现的图画表明了艺术对这一大陆最早人类的重要性。

项链

人们佩戴用贝类和动物牙齿做成的项链。这种项链表明佩戴者是一个重要人物。这样的项链在澳洲与亚洲都发现过，表明两个地区生活的是同一种人。

是一种天然的玻璃。这些玻璃是他们在一个陨石撞击所形成的火山口中发现的。

澳洲土著人很早就发展出一种生活方式，在一些地方，这种生活方式

我的第一次探索

一直保存到现在。数万年来，他们适应了环境的变化，从严寒的冰川期到现在炎热的气候。

澳洲土著人在艰苦的环境下生活，学会了制作石器，木器，网器等工具。其中最具特色的工具是回标，投出后能自动飞回。不过土著人最喜欢的工具还是削尖了的木棍，他们用此棍挖取地下的根状食物与小动物。

直到1768年，库克船长从英国出发前往南太平洋，展开一次探险行动，才发现了澳大利亚东部，并在1770年占领东岸一带。库克船长发现澳大利亚后不久，美国便宣布独立，迫使英国将澳大利亚开辟为新的罪犯流放地。

一次艰苦的旅程

> 一个已经公认的结论是，北美洲土著的祖先来自亚洲。至于亚洲人是如何到达北美洲的，科学家们一直在做各种假设，但无论亚洲人是如何到达北美洲的，北美洲严酷的生存环境都注定了这是一次艰苦的旅程。

最早的美洲人可能来自于亚洲的最北端，现在称为西伯利亚的地方。在冰川期，这两块陆地由大陆桥连接。穿过大陆桥的第一批人类发现自己来到北美最严寒、最荒凉的地方。这里几乎没有植物，他们绝大多数的食物来自打猎和捕鱼。由于西伯利亚的气候与北美相似，因此他们可以适应。一些人向南迁移，希望寻找更温暖的环境和更多的食物。

考古学家们对第一批美洲人何时到达这一问题没有取得一致的意见，比较有力的最早的证据证明是在1.5万~1.2万年前。然而，同一时期，也有许多的证据表明在北美中部存在着以打猎为生的人，考古学家称他们为"科罗维斯人"。他们留下了制作精美的燧石做成的矛头，现在被称为科罗维斯尖状器，这是以这些工具被发现的城市命名的。特别在新墨西哥和亚利桑那，在诸如猛犸、北美野牛等大型动物骨头的附近发现了这些工具。科罗维斯人可能猎捕单个的动物，把它们驱赶到沼泽地，以便捕杀。

历史深追踪

↗ 西伯利亚的征途
从西伯利亚穿过大陆桥到达北美是一段漫长艰苦的路途。我们不知道是什么使得人类开始这次征途的，或许冰川期艰苦的生活使得他们希望寻找一个食物更多、环境更温暖更舒适的地方。

↗ 维娜蒙特
智利维娜蒙特地区的小屋是用木头做成的，上面覆盖兽皮，这是美洲人修建躲避所最早的证据。

随着冰川的融化，大型的动物逐渐地灭绝了，现在科学家也不知道其灭绝的确切原因。由于各种不同的环境，从大的草场到贫瘠的沙漠在北美的发展，科罗维斯人灭绝了。活着的人类开始学会适应不同的气候，演变成不同的社会，他们的生活方式直到最近的世纪才发生了改变。

在南美，1.2万年前，也存在人类居住的证据。在智利的维娜蒙特的一个洞穴中，考古学家发现

■ 我的第一次探索 ●●●●

了人类火葬的遗迹。这一遗址还包括两排小屋的遗迹，小屋用动物的皮毛遮盖，以木结构支撑。小屋内有土坑用来煮饭，同时在外面还有大的、公用的炉膛。

或许在南美，维娜蒙特地区并非是人类最早生活的地方。在巴西的一处远古人用石头建造的避难所，人们发现了一些带着各种图案的石头，一些科学家认为这些石头大约是3.2万年前的。并不是所有的专家都赞同这一观点，有人认为是与维娜蒙特石器同年代。假如3.2万年前这一时间正确，那么他们有可能比在北美的人类定居更早，但是并没有留下其他可为证据的遗迹。

○ 大迁徙

我们如何知道第一批美洲人是从西伯利亚来的呢？一个线索是早期美洲人制造工具与武器的方法。许多削成碎片的燧石刀刃是由大块的石头而来的。他们沿着骨头的边缘把这些燧石塞入到槽中制成矛头。这种设计的矛头在西伯利亚与北美都有所发现。

↗ 编织物

在秘鲁硅塔罗洞穴中发现的麻线残留物表明，1万年前人类已经会缝衣服了。这些碎片可能是一个包或

↗ 科罗维斯尖状器

北美猛犸猎人把这些制作精良的尖状器装在木矛上。他们利用几种不同的石头原料来制造这些尖状器。

↗ 猛犸牙

这些猛犸牙化石是在南达科他热斯普润猛犸遗址中发现的。它们表明，最早的美洲猎人与他们的亚洲祖先捕杀相同的猎物。

历史深追踪

"新月沃土"

> 猎人与采集者在寻找食物方面都有熟练的技巧。然而，他们的成功依赖于天气、当地的环境和运气。假如气候变得糟糕，或者食物短缺，人们就得忍饥挨饿。约在1.1万年前，生活在中东地区的人们通过耕作生产自己需要的食物改变了这种状况。这是人类发展史上最重要的进步之一。

耕作使得人类可以控制他们的食物供给。他们不需要再在田野中四处寻找食物了。他们能够在一处定居，使得他们建的房子比以前更坚固更舒适。耕作也使得食物供应更加可靠，尽管在荒年，人们仍然不得不再进行一段时间的采集活动。

第一批农耕者生活在地中海的东端（现在的以色列、巴勒斯坦和叙利亚地区），以及底格里斯河北部的高地地区——现在是伊朗和伊拉克的一部分。这一地区比小麦和大麦自然生长的环形平原和草原有着更为充沛的雨水。由于其气候以及在地图上的形状，这一地区通常被称为"新月沃土"。

"新月沃土"地区的人们采集小麦种子已经有上千年了。他们知道哪种类型的植物长势最健壮并产最好的谷物。到约公元前9000年，他们意

↗ 石堡
杰里科最高的建筑是石堡。没有人知道修建石堡的原因，它可能是一个瞭望塔，或者为某种宗教目的而建。

我的第一次探索

○农耕者的世界

尽管农耕辛苦，然而最早的农业者并没有把他们的时间都花费在田里。在许多地区，他们发展出相当复杂的宗教信仰和仪式。他们创造了新的艺术形式，包括用灰泥做模子的雕刻，以及画着抽象线条和矩形的陶器。他们也开始制造更大的篮子和黏土容器，来装多余的谷物。

↙用灰泥雕刻的头颅
约在公元前6000年，杰里科的宗教仪式中使用了人的头颅。头颅用灰泥覆盖，用来复制人的眼睛、鼻子、嘴和其他面部特征。玛瑙贝被放在眼窝位置，并添加了牙。

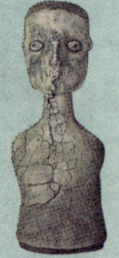

→人体雕刻
世界上最早的大规模的人类雕刻出现在约旦的艾尔卡兹尼。人们把石灰泥覆盖在草束框架上，制成人体模型，眼睛用黑笔描绘。没有人知道制造它们的原因。

↗带嘴的碗
在塞浦路斯的基罗基蒂亚早期农耕遗迹中，发现了这种带装饰的陶碗。它被埋在一个8岁小孩的墓中，显然这是墓主特别喜欢的物品，因为在埋葬前，它被修过。

识到可以种植这些植物并进行收获。在同时期，他们开始放牧野生的绵羊和山羊。这些动物为人们提供肉的同时也提供了奶与羊毛。在接下来的3 000年中，人类也开始饲养家畜，如猪与牛。

在好年景，农耕为"新月沃土"地区的人们提供了比他们需要的更多的食物。他们把这些剩余的食物储存起来，并进行贸易，换取制造工具的原材料，或者诸如家具、罐之类的产品。

逐渐地，农耕者与手工艺者变得富有了。他们建造了更多更宽敞、并聚集在一起的房子，逐渐地发展成为小的城镇。这些房子是由泥砖建成的，待在里面冬暖夏凉。最早的一个城镇是杰里科，它建在死海北部的一个温泉旁边。城镇周围的地区既适合种庄稼也适合放牧，于是不久以后，杰里科就变得富有了，在这一地区也陆续建立了其他城镇。

随着农耕的扩展，其他地区不久也开始用相同的方法生产食物，从此人类的生活方式发生了变化。

历史深追踪

城镇出现了

耕种使得一些人生活富裕、成功。他们可以用剩余的食物交换别人的奢侈品。不久，这就成为一些农耕者的生活方式，在"新月沃土"地区和安纳托利亚（土耳其的亚细亚部分），开始出现贸易城镇。

绝大多数早期城镇很久以前就消失了。当泥砖建筑变得破旧不堪时，它们就被推倒。在原来的基础上，人们再建房子。几百年来，这种情况发生多次，于是随着以前的房子被取代，城镇的地基水平逐渐地上升。当一座城镇被最终废弃时，废墟与地基的建筑以土墩的形式保留下来了。在叙利亚和巴勒斯坦，这种古代的土墩被称为提尔（tell），在土耳其则被称为于育克。

早期城镇土墩中，最为著名的一个就是土耳其中部的卡塔·于育克。当考古学家挖掘土墩时，他们发现它隐藏着一个古代城镇，居住着生活在约公元前7000年到公元前6000年的商业居民。城镇的周围是富饶的农耕土地。城镇烧焦的遗迹显示人们种植小麦、大麦、小扁豆和其他作物，同时食用苹果之类的水果，以及杏仁之类的野生坚果。另外，考古学家还在此地发现了最早的葡萄酒酿造痕迹。

卡塔·于育克的人们用食物和原材料与别人交换工具。一种深受欢迎的原料是黑曜石，这是一种火山自然形成的黑色矿石。在这处遗迹中，考古学家发现了一系列用燧石和黑曜石制成的不同的工具与武器。

↗ 建房

泥土可能是中东地区早期商业城镇建房时主要的原料。它能被塑型模成砖状，并在太阳下晒干，外面涂上石膏防水。

■ 我的第一次探索 ●●●●●

爬上屋顶的楼梯

平坦的屋顶提供了工作的空间以及到旁边房子的路

装饰过的房间用来举行宗教仪式

由多层芦苇、泥土和木料组成的屋顶

↗ 城镇的房子

卡塔·于育克城的房屋主要是用泥砖建造的。这种材料甚至被用来做家具，如椅子与炉膛。在房子之间很少有庭院，房子建得很紧密。这就使得城市显得紧凑，易于防守，不给敌人或动物留下可潜伏的角落。

○ 土耳其城镇的谜团

尽管考古学家做了许多工作，但是在土耳其中部的卡塔·于育克城仍存在着许多不解之谜。没有人知道在许多房间中的墙壁画的含义。公牛、鸟类、豹和人的形态可能是神。然而，人们不知道这些神象征着什么，或者它们为什么被崇拜。

↗ **公牛画**

这是在卡塔·于育克的一幅壁画。显示了一群人正在引诱一头大公牛的情形。由于公牛与男性神有关，因此它或许有着宗教的意义。

← **泥印**

带有抽象样式的椭圆形图章可能是作为印章用的。每个人都有一个不同的印章，用它来表示他或者她的财物，以作为所有权的证据。

← **画着鸟的墙壁画**

这些鸟可能是秃鹰。在一些文化中，人们把死人的尸体露天放置，直到秃鹰将人肉吃完。

历史深追踪

卡塔·于育克城的房屋是用泥砖建造的。它们呈正方形或矩形，房屋紧挨着。城镇一个令人惊奇的特点是它没有街道。人们从屋顶平台沿着木梯下来，进入屋子。这种建筑方式可能是出于防卫的需要。

许多房子中，至少有一个房间是用来举行宗教仪式的。这些房间或者说神龛，以用石膏做成的公牛头装饰，或装饰真正的牛角。它们也有动物与人体的墙壁画，许多形体是女性的，考古学家也曾发现超过50个怀孕妇女的小雕像，这表明当时人们崇拜女性神。

神龛还包括一个土台，可能在某些宗教仪式中被用为祭坛。当卡塔·于育克的居民死去后，他们的尸体露天放置，其肉为秃鹰所食。然后亲属把他们的尸骨取回城，葬在这些祭坛下。

欧洲人住在"长屋"里

围绕着欧洲最早农耕族人的来源的问题，先前有欧洲土著人吸取西亚农耕文化说，和西亚族人携带农耕文化迁徙到欧洲说。现在科学家根据DNA研究肯定了后一种说法。

约在公元前7000年，农耕文明扩展到欧洲。它从土耳其到达欧洲，然后向西扩展到大西洋海岸。先人们携带着小麦、大麦和牧养的牛和羊，迁徙来到了欧洲，建立起了欧洲的第一个农耕文化。欧洲人就此过上了定居的生活。

欧洲大陆的气候和地貌区别很大。在巴尔干，开始了欧洲的畜牧业，那里气候干燥，土地适合绵羊和山羊以及谷物的生长。在北欧，早期的农民过着一种不同的生活。北欧气候寒冷，土层很厚，许多地方为森林所覆盖。这些地方不适宜放养绵羊和山羊，于是养猪和牧牛就很普遍。人们种植谷物庄稼，但是由于土层厚，与南欧地区相比，不易开垦。逐渐地，几百年后，北欧人发展出适应厚土层生长的谷物种类。

北欧的森林有许多用途。它们为

■ 我的第一次探索

◎农民的手工艺

随着耕种而来的定居生活方式的开始，人们开始发展手工艺技术，最重要的就是制陶。这些早期的农户是熟练的木工，他们制作围栏和各种工具。

↗ 架起的路
有时候人们在沼泽地附近修建村庄。他们用木柱架起木板，以便能够安全地穿过沼泽。

匈牙利画着面像的陶器　德国邦提克拉米克陶器

↗ 带装饰的陶器
制陶工人通过在湿泥土上画图案或者简单的面像来装饰陶器。另一种方法是画线条或点缀斑点，如众所周知的德国邦提克拉米克陶器，意指"有条纹的陶器"。

← 坐着的人像
这是在匈牙利一个农耕文化遗址发现的陶制人像，一个人拿着镰刀坐着。他可能是庄稼神，也可能是一个平常的农夫。

↗ 希腊的房子
早期希腊农民修建的一间房子，用茅草做成的屋顶呈倾斜形状。室内经常包括一个用泥土做成的容器，用来储藏谷物。这是希腊新耐科米底亚村庄的一间房子。

猪提供了很好的饲料，也为人们提供了各种食物。同时这里也是鹿和野猪的栖息地，人们打猎就可以获得更加丰富的食物以及皮毛。北欧人不断地打猎采集，来补充他们田地里生产的食物的不足。

丰富的木材也为人们建房提供了材料。中欧以及北欧的农民砍伐树木，制造结实的房子屋顶和墙结构。他们利用劈开的木材建墙，用粗灰泥，即泥土和麦秸的混合物涂抹，以填充缝隙，这有助于抵御风。有倾斜度的屋顶可以泄掉雨雪，而屋顶是由草做成的。这样的房子超过45米长，被称为长屋。它们是欧洲人最早的大型永久性居住地。除了有用于家庭生活的大房子外，通常他们还有一间储藏室，用来存放粮食和养家畜。有时候，人类和动物一起生活。这显得空间狭小而且有气味，但是这样人们可以确保家畜的安全。

在许多河谷出现了农耕的村庄。人们利用河流与邻近的村庄进行贸易。当他们行走时，他们交换着新的发现和发明。结果，陶器技术和样式提高了，传播开了，有关谷物种植和动物饲养的新想法也被大家分享了。欧洲的人们发展起此后使用了上千年的技术。

亚洲人最爱吃水稻

肥沃的土壤以及有用的本地庄稼使得亚洲人开始耕作。这是农业如何在东亚——像印度中部与西北部的高地以及中国黄河流域两岸的地区——开始的原因。

印度恒河流域和中国黄河流域拥有良好的自然资源和适合农耕的气候。考古学家在这两个地区发现了几处早期农业村庄的遗迹。

印度中部有适合放牧的草木茂盛的丘陵以及适宜种植庄稼的肥沃河床。约在公元前7000年，这儿就开始农耕了。大麦是常见的一种作物，同时农民们在山上放牧牛、山羊和绵羊。在一些地方，人们聚居生活，建立了村庄。美尔冈是最早的村庄之一，它在印度西北的波伦河附近，由一些房屋组合而成。房子是正方形或矩形的，用泥砖涂上灰建成。平的屋顶是用芦苇草修成的，再用木杆支撑。在内部有几个房间。厚的墙与小

▼ 半坡遗址的农民的棚子

中国的考古学家发现：在中国北部的早期半坡农业社会遗址中，保存着一些房子的遗迹，时间处于约公元前6000年。建筑是椭圆的或者圆形的。在坚固的木头框架上盖上细的树枝条，然后再抹上灰泥，建成光滑的、防水的墙。屋顶上覆盖芦苇，留有一个中央的气孔，以便排出地面生活产生的烟。

我的第一次探索

大事记

* 公元前6000年，在中国北部地区，粟是农民的主食。
* 公元前5500年，在美索不达米亚，开始种植海枣。
* 公元前5500年，印度的农民生产出自己的小麦品种。
* 公元前5000年，中国长江三角洲的农民种植水稻。
* 公元前3500年，贸易网开始连接中国各地区。
* 公元前3000年，韩国开始种植粟。

的窗户使得房间冬暖夏凉。这种样式在接下来的1 000年里一直保持着。

像美尔冈这样的社会继续发展。人们修建储藏室来保存粮食，以备荒年。社会里有一些人可能通过贸易变得富有。他们的坟墓里埋藏着许多珍贵的财产，如珍珠与石灰石。

同时在中国，农业也正在进步。在这里，粟是人们喜爱的庄稼，猪也成为第一种被家养的动物。农民们还种蔬菜，如圆白菜，并收获如李子之类的水果。后来，他们开始种植水稻，这成为东亚地区的主食。水稻在

○ 成功的农民

成功的农民可以生产出比自己需要的更多的食物，并能够与他们的邻居进行贸易交流，开始拥有诸如项链之类精美的装饰物。当考古学家挖掘出这样的物品时，他们知道这属于一个富有的人。

← 双耳罐
这是一个在中国半坡遗址发现的双耳罐，它的瓶颈细小，这意味着它是用来盛液体的。在两个环形柄之间可以用绳子系起，这就使得它容易提，并可以直立地放在地上。

↗ 陶器的盖子
这个装饰的盖子，有一个人脸形状的旋钮，是在中国西北部的一个农耕村庄——甘肃半山——发现的。它约20厘米宽，为富有的或者社会地位高的人拥有。

← 仰韶遗址的陶器
约在公元前3000年，中国的农民生产出几种不同的陶器。如这种出土于仰韶遗址的绘画精美的碗。

历史深追踪

中国南部特别成功，因为在那里雨水更多。

中国的农民很快知道了土地在耕种一季后需要休耕。他们轮换耕种土地，这就使得土地有了休耕的时间。他们发现经过休耕，土地的肥力得以恢复。约在公元前1100年，他们开始轮流种植粟与大豆。豆类作物给土壤带回了养分，这就意味着休耕不再重要了。

农耕技术在中国逐渐地传播。种植水稻需要的农耕技术从南传到北，在北方发展起更成功的水稻品种。中国也与韩国和日本交流，这两个地区是狩猎与捕鱼社会，农业一直到很久以后才在那儿建立起来。

美洲人，从游猎到农耕

最初的美洲人过着游猎生活，狩猎工具起初可能是木制的叉矛，一头削尖或嵌以骨尖、石尖，以后更多使用快速的掷矛，再后来他们弃猎从耕了。

当早期印第安人向南迁移到北美中部时，他们原先在北极寒漠使用的工具已不适用于新的环境。温带森林里栖息着许多巨型动物，如猛犸、柱齿象、鬃犛和貘等等。于是新的捕杀和屠宰工具开始出现，到了大约1.2万年前，早期美洲人的狩猎行为已经发展得非常成熟了。

无论是在北部地区捕鱼和海豹、在大平原地区捕猎野牛，或者在南部采集食物，美洲的人们一直遵循这样的食物供应。虽然在不是极端寒冷的

↗ **小屋和猎人**
在北美东部，猎人们经常修建短期使用的躲避所，如这种小屋。他们用木头柱子搭成框架，再加上顶。房子用草覆盖。像这样的小屋易着火，因此灶设在外面。

◼ 我的第一次探索 ●●●●

环境中庄稼也能生长，但是他们还是随季节迁移，他们习惯了这样奔波的生活。

在美洲中部，气候变化快得令人莫测，烈日后常是暴雨倾盆。这里的人们希望可以更加自主地控制食物的供应，于是比其他美洲地区更早地转向了农耕。然而，他们需要能与农时完美配合的气候种植庄稼，这可能也是他们崇拜雨神和太阳神的原因。农民们希望雨神和太阳神可以在耕年给他们带来好的气候。

在中美洲，最早种植的庄稼之一是玉米，这是一种自此以后就在美洲的农耕活动中占据重要地位的作物。现代玉米就是由墨西哥类蜀黍培育而来的。

再往北，就是现在的美国西南部，最早的农民试验各种葫芦以及向日葵之类的作物。随着中美洲农民开始更广泛地贸易，他们用自己培育的玉米、大豆和南瓜与北方人交换，这些与当地的作物一起成为北部人们的主要作物。

在南美，人们尝试着种植各种庄稼，包括葫芦、南瓜、树薯、马铃薯以及各种豆。在每一个地区，他们选取最好的适应当地环境的作物，并几千年来一直试验、总结着种植的最好方法。农耕发展最快的地区是秘鲁。在安第斯山脉，猎人与采集者开始种植诸如葫芦、大豆之类的庄稼，用来补充他们的食物。他们几千年来一直食用这种混合食物。

在沿海地区，当河流沿着山谷流向大海时，产生了峡谷。在这些峡谷中肥沃的土地上，人们开始种植葫芦与胡椒，后来又种植了玉米。他们还发展起灌溉的技术，把水从河里抽到田里。

与地球上其他地区相比，美洲的动物养殖开始时不普遍，很少有本地的品种容易家养。但是在安第斯山脉，有一个品种——骆驼却是例外，它为人们提供毛与奶，还可以当负重的工具。

一些美洲人发展出各种作物以及农耕技术，但是在许多地区，人们仍然广泛地食用野生食物，许多人群一直过着打猎和采集的生活方式。

失落的文明

SHILUO DE WENMING

■ 我的第一次探索

新月初兴——苏美尔城邦文明

世界上最早的城市建立在美索不达米亚，底格里斯河与幼发拉底河之间的土地上，即前面提及过的"新月"地区。

城市里人口众多，熙熙攘攘，忙碌不停。诸如乌尔城与乌鲁克城之类的城市街道狭长，刷得很白的泥砖墙房屋里居住的是手工业者，他们制造陶器和金属品，与阿拉伯半岛和印度的人进行贸易。这一地区的人们制造了世界上最早的带轮子的战车和手推车，并发明了世界上已知最早的书写体系——楔形文字。由于这些原因，

◎肥沃的土地

独立的城邦构成了苏美尔文明，但是它们之间仍有相同点。各城邦都使用底格里斯河与幼发拉底河来进行贸易与运输，也都用泥砖建筑。同样，他们依靠肥沃的土地来生产食物。

↗ 琴师

当人们举行宴会、喝酒与庆祝时，乐师会演奏竖琴、笛子和手鼓，为人们提供娱乐。乌尔城的人们喜欢在家听音乐，也喜欢在重大节日，如新年时听音乐。

↗ 苏美尔的古庙塔

古庙塔包括一个用太阳光烤干的泥砖建成的阳台——阳台是带台阶的。由于苏美尔人扩建庙宇时，他们会在旧的顶上建造新的阳台，有楼梯可以爬上，因此，发展了塔的形状。苏美尔人认为，他们的神住在塔里，只有巫师才可以爬上顶部。古庙塔一个早期的例子是乌鲁克的白色庙宇，它用白色的泥砖建成，修建于约公元前3000年。

↗ 乌尔的象征

贝壳和宝石上的画显示一队苏美尔农夫放牧牲畜。在他们的下面，画着运输重物的人。这些画被称为"乌尔的象征"，它们可能装饰的是一件苏美尔乐器。

美索不达米亚成为"文明的摇篮"。

在美索不达米亚定居的是苏美尔人,他们约在公元前5000年到达这一地区的南部——苏美尔。这里的气候炎热干燥,但是农民们学会了从河里取水灌溉田地,他们种植了大量的植物,如小麦、大麦、枣椰子,以及各种蔬菜。

苏美尔最早的城市是乌鲁克城,建在幼发拉底河附近。到公元前3500年,大约有1万人居住在那儿。城市弯曲的街道环绕着最大的建筑——安鲁神庙,这座神庙供奉的是苏美尔诸神中最重要的神。在这里,巫师们祭祀安鲁神,希望他带来好的气候与丰收。人们知道,如果收成不好,他们就会挨饿,因此他们给庙宇很多的东西,使得巫师们成为城市中最富有、最有权势的人。

不久,在美索不达米亚又建造了其他城市。它们与乌鲁克城相似,拥有宏伟的庙宇——称为古庙塔,以及泥砖房屋。每个城市都是独立的,有着自己的统治者、巫师和商人。随着城市由于贸易变得富有,它们相互竞争,希望统治全境。

直到约公元前2350年,苏美尔的各个城市还处于独立之中。后来,从苏美尔北部而来的阿卡德人征服了这一地区,使之成为美索不达米亚帝国的一部分。在阿卡德王国统治后期,不少苏美尔城邦曾经复兴。

汉谟拉比,以神之名

汉谟拉比,是巴比伦第一王朝的第六代国王,他自称"月神的后裔",是古巴比伦最伟大的国王。在一连串战争中,他将巴比伦的统治区域扩展至整个两河流域。

约公元前1900年,从叙利亚来的亚摩利人迁移到底格里斯河与幼发拉底河之间的美索不达米亚地区。他们种植大麦、放牧羊群,并且熟练于各种手工艺,从锻造金属到制造香精,从制造皮革到养蜂。公元前1894年左右,亚摩利人建立起一个以幼发拉底河河畔的巴比伦城为首都的王朝。从

■ 我的第一次探索

大事记

* 公元前1900年，巴比伦成为亚摩利人主要的城市。
* 公元前1792~前1750年，汉谟拉比统治时期，他是美索不达米亚的征服者和法律制定者。
* 公元前1595~前1155年，喀西特人统治巴比伦城。
* 公元前900年，卡尔迪亚人占领巴比伦并开始重修它。
* 公元前605~前562年，尼布甲尼撒二世统治时期。他修建了著名的"空中花园"。巴比伦成为近东最先进的城市。

那时起，美索不达米亚就被称为"巴比伦尼亚"，那里所有居民都被称为巴比伦人。

在公元前1700年左右，汉谟拉比国王征服了整个南部美索不达米亚，建立著名的巴比伦王国。被征服的地区包括许多拥有不同文化与法律的人们，于是汉谟拉比决定统一法律，并把法律刻在石碑上，让所有的人看到。

在汉谟拉比的统治之下，巴比伦成为科学与文化的中心。巴比伦的学者们发展出计数体系，这是基于60进位的方法，是现在1小时等于60分钟，以及360°圆的由来。巴比伦的科学家也是有名的天文学家，他们记载了黑暗天空中月亮和星星的运动。

许多邻国的统治者嫉妒巴比伦的强盛，以及巴比伦人通过贸易获得的财富，于是这座城市受到多次攻击。

▲ **伊什塔尔门**
伊什塔尔门用珍贵的蓝宝石装饰，守卫着进入巴比伦城的圣道。

历史深追踪

从现在土耳其来的赫梯人先洗劫了巴比伦,然后是从东部山脉来的喀西特人入侵并占领了巴比伦。他们把巴比伦变成了重要的宗教中心,还建造了宏伟的庙宇来供奉最高神——马杜克。

约在公元前900年,从波斯湾来的马背民族——卡尔迪亚人入侵巴比伦。他们最伟大的国王尼布甲尼撒二世重建的巴比伦城比以前更为宏伟。

他修建了大规模的泥砖城墙、雄伟的大门以及七层楼高的古庙塔。他还为自己建造了一座宫殿以及被称为古代世界七大奇迹之一的"空中花园"。巴比伦成为西亚最大的城市。沿河的贸易,以及经由商队领导的向东到伊朗的商路使得它更为富有。辉煌一直持续到它再次被入侵,而这次的入侵者是波斯人。

◎科学与法律

巴比伦是一座繁荣的城市,它是科学、文化和学术的中心。学者们研究数学、天文以及占星术。他们的思想一直到现在还影响着我们。

← 世界地图
一个石制地图显示了当时人们知道陆地为海洋所包围。这幅地图是3000多年前巴比伦的学者制作的,并用楔形文字标注。

← 汉谟拉比法典
汉谟拉比的法律刻在一块黑色的玄武岩上。内容包括货币、财产、家庭以及奴隶的权利。根据这部法律,犯法者会受到相应的惩罚。俗语"以牙还牙,以眼还眼"最初就来自于汉谟拉比法典。

↗ 装饰的狮子
伊什塔尔门是用像这样的狮子装饰的。门的名字取自于巴比伦的神伊什塔尔。

我的第一次探索

赫梯：马匹和战车上的王国

公元前3000年，有一支古印欧人以莫大的勇气和无比的毅力，徒步翻越了海拔超过四千米高的高加索山脉，取最近的路线进入了小亚细亚。这支进入小亚细亚的古印欧人被称为古赫梯人。

大约在公元前17世纪左右，小亚细亚的各个赫梯人部落联盟开始结合成统一的国家形式，而赫梯人也开始了他们的大规模扩张。

赫梯人来自寒冷多山的安纳托利亚中部地区，他们是在约公元前1600~前1200年间兴盛起来的武力强大的民族。作为一个好战的民族，他们经常与邻国为控制地中海地区的贸易而开战。

赫梯人控制着一块荒芜的地区，他们得寻找土地种植小麦与大麦，饲养牛羊。他们在王国中部的哈图萨斯建造要塞。从这里，他们征集人马，训练成一支强有力的军队。他们是在战争中最早使用骑兵的人之一，并且发展出战车，这是他们最令人敬畏的武器之一。

他们从美索不达米亚北部进攻米坦尼，征服了叙利亚。他们的军队甚至威胁到埃及帝国的安全。赫梯人也使用和平的手段来增加他们的力量，他们与埃及法老订立条约，这些条约在哈图萨斯众多王室档案的泥板中发现。条约显示，有时候赫梯人向敌人缴纳赎金，以求得敌人退走。

虽然赫梯人拥有强大的陆军，但是防御海岸却不是他们的强项。当时，海上入侵者——为人熟知的"海上民族"腓力斯丁人正在不断地攻击赫梯人。这与歉收和来自埃及的压力一起，导致了约在公元前1200年赫梯人的衰落。

↗ **赫梯囚犯**
公元前1170年的埃及瓦片，描绘的是一个赫梯囚犯。

历史深追踪

亚述：霸者的野蛮征服

公元前3000年代末期，在两河流域的北部，亚述人的部落兴起。到了公元前8世纪后期，亚述国已经成为两河流域最强大的国家。

有人说，亚述人对人类最大的贡献就是战争的艺术。的确如此，亚述国家的政治、经济、文化都带有浓厚的军事色彩。他们是古代世界最令人恐惧的人之一。亚述军队攻击迅速，洗劫村庄，摧毁城墙，屠杀任何反抗的人。他们带走珍贵的金属、木材、建筑石头——任何只要他们能够使用的东西。他们让囚犯像奴隶一样在底格里斯河沿岸的城市中修建工程，建造奢侈的宫殿、庙宇以及大量的城墙。

亚述人在美索不达米亚历史上活动时间约有一千余年。亚述帝国是其历史上最强盛的时期。公元前9世纪到前8世纪是亚述人扩张的大好时机。在世界上，它四周已经没有强敌：强大的埃及帝国已成明日黄花，小亚细亚的赫梯已为"海上民族"所摧垮，南部的巴比伦尼亚已经四分五裂，东方的米底和波斯尚未兴起。而在亚述国内，铁器从赫梯引进后不仅给亚述的经济生产带来了革命性的变化，更重要的是给尚武的亚述

↗ 斯芬克斯

巨大的斯芬克斯石雕守卫着城门与宫殿。斯芬克斯有牛或者狮子的身子，头是长着长胡须的人头，长胡须就像亚述国王的胡须。亚述人相信这个怪物可以保护他们，驱走邪恶的人。

↗ 王室打猎

亚述国王们喜欢打猎，特别是最凶猛的动物——狮子。国王们希望臣民相信，他的力量是上天给的。国王还经常让人把他们展现不可思议的力量与勇敢的情景描绘下来。

■ 我的第一次探索

大事记

* 公元前1200年，赫梯帝国衰落。
* 公元前883~前859年，尼尼微建城。
* 公元前744~前727年，亚述帝国最为强盛。
* 公元前721~前705年，萨尔贡国王修建亚述首都科撒巴德。
* 公元前664年，亚述征服埃及。
* 公元前612年，尼尼微被破坏。
* 公元前609年，巴比伦人击败亚述军队。

亚述人好像永不停息。他们征服了从尼罗河三角洲到古巴比伦城与乌尔的广大地区。他们修建漂亮的城市，如尼尼微、尼姆鲁德以及科撒巴德，它们是当时世界上最富丽堂皇的城市。他们的王宫用描绘着国王胜利与荣耀的浮雕装饰。浮雕保存到现在，向我们显示了亚述国王与他们生活的许多内容，如他们征战的胜利、庆祝胜利的场景、被征服者向他们进贡的东西以及打猎的场景。

亚述人主要的力量是他们的军队，随着帝国的扩张，军队不能够防卫整个帝国领域了。单个被征服的城市不能够打败亚述人，但是当巴比伦人和米底人联合起来后，他们胜利了，强大的亚述帝国很快垮台了。

人提供了更锐利的武器。于是，从亚述那西尔帕二世统治时期（公元前883~前859年）起，亚述开始了它的对外征服事业。

波斯：横跨亚非欧的帝国

他们开始时是作为一个小的民族从巴比伦附近地区兴起的。突然之间，约在公元前549年，波斯人好像无处不在了。

公元前6世纪，在赛勒斯二世（约公元前559~前530年在位）的领导下，波斯军队从西到东横扫，征服了从现代土耳其到印度边境的广大地区。赛勒斯以及后来的皇帝们从征服中获得了巨大的财富。他们修建城市和雄伟的宫殿；喝酒就用金银杯子；享用奢侈品。

历史深追踪

波斯帝国幅员辽阔，包含了许多不同的人，他们经常反抗波斯的统治。为了维持秩序，波斯的统治者们建立了一支有效的军队。被称为"不死军"的近卫军有1万名士兵，他们训练有素，英勇无比，随时准备去镇压起义。

皇帝们不仅仅依靠暴力，他们也组建了行政机构来进行统治。他们把全国分为20个行省，每个行省由一名总督管理，总督是帝国利益的代表。每个行省都征收赋税以及贡品。由于总督在自己的统治范围内拥有绝对的权力，于是皇帝派出密探——他们被人们称为"皇帝的耳朵"——来监视总督的行为，使得他们忠于皇帝，把应该上缴的税上缴到中央，而不是私下扣留。波斯人还修建了连接帝国各地的交通网，密探、征税官以及商人

↗ **波斯士兵**
苏萨宫殿装饰着描绘波斯军队的马赛克。波斯军队的精华部分是1万名被称为"不死军"的士兵，一旦有人死去，就会有人立刻加入，人数恒定。

↗ **波斯波利斯城内的宫殿**
大流士一世和薛西斯一世在波斯波利斯城修建了宏伟的宫殿。沿着巨大的楼梯向上进入宫殿，楼梯是如此宽大，可以供8匹马并排行走。从帝国各地来的人们向坐在高高王位上的皇帝敬献贡品。

我的第一次探索

◎万王之王

赛勒斯皇帝属于阿黑门内德王朝。他和后来的波斯皇帝自封为"万王之王"。他们处于巨大的荣耀之中，拥有绝对的权力。在他们之下是贵族、农民、手工业者、农奴以及奴隶。

➔ 波斯贵族
站在两个士兵之间的是波斯贵族。大流士一世从贵族家庭中任命行省的管理者以及总督。

➔ 银制羊
这是在波斯波利斯城发现的外形为羊的银制装饰品。波斯人喜欢动物，用各种动物形象作为装饰物。

← 大流士一世
大流士一世在公元前522～前486年统治波斯帝国。他是军队的首领，也是个明智的统治者。他在统治期间建造了波斯波利斯城，帝国达到了最强盛。

可以很容易地在国内旅行。

波斯人的财富不断地增长，皇帝召集帝国各地的工匠建造城市与宫殿。石工来自于希腊，泥瓦匠来自于巴比伦，金匠来自于埃及。波斯人也进口珍贵的原材料，如黎巴嫩的雪松以及埃塞俄比亚的象牙。

有一些人也击退过波斯人的入侵。从北部来的无畏的马背民族——斯基台人曾经打败过波斯军队，希腊人也击退过波斯人的两次入侵。希腊人憎恨波斯人，公元前500年到前449年两者之间进行了一场旷日持久的战争，双方不分胜负。最后从希腊来的著名征服者亚历山大大帝在公元前332年摧毁了波斯帝国。

历史深追踪

帕提亚王朝与萨珊王朝

从亚历山大大帝的最后一个古希腊王朝到公元7世纪伊斯兰教兴起的800年间,波斯是在被两个帝国——帕提亚帝国与萨珊帝国统治着。

波斯帝国被马其顿的领导者亚历山大征服,帝国不复存在。但是在公元前323年亚历山大死后,波斯人开始重新控制自己的领土。他们再一次建立了大帝国,联合了不同的人——从伊朗的牧羊人到美索不达米亚的农民,都处于被称为"万王之王"的统治者统治下。

亚历山大以及先前阿黑门内德王朝的皇帝们都向波斯人展示了他们需要一支强大的军队来建立并维持帝国。但是新的帝国领导者——帕提亚

▲ 泰西封城

都城泰西封城建造在底格里斯河边,靠近现在伊拉克的巴格达。在萨珊王朝时期,泰西封城规模很大,可能有几十万居民。萨珊人把城市划分为两个大的部分。一部分安置从罗马帝国抓来的俘虏,另一部分居住着皇帝与其家庭。王室生活在大的、石头建成的带拱顶大厅的宫殿里。

■ 我的第一次探索

王朝（公元前240~226年）与取代帕提亚王朝的更为成功的萨珊王朝(公元226~646年)走得更远。他们重建了社会等级严格的社会：贵族、教士、战士、各级官员以及农民，每个人都知道自己的地位。人们的全部生活——从他们从事工作的类型到他们选择婚姻的对象，从他们应该缴纳多少税到他们所吃食物的种类，所有都依赖于他们从属的等级。

这一严格的等级体系使得国家统一。"万王之王"的皇帝处于体系的最高层，是统治者。人们会记住他的伟大，因为萨珊的皇帝们把他们的图像画在生产的所有物品上。他们的宫殿与城市用石头浮雕与雕刻装饰，在浮雕与雕塑上面描绘的是皇帝在作战或者在进行打猎与骑马的运动。

最重要的阶层之一是教士，他们是琐罗亚斯德教的领导者。这种信仰约在公元前1000年已经发展起来了，但是是萨珊波斯人把它定为国教的，尽管当时东方宗教与其他文化对其也有影响。

在后期波斯时期，贸易、工业与艺术繁荣起来了。他们在农耕方面取得了进展，并改进了灌溉体系，当地的人口增长了。但是因为过度使用土地，庄稼收成日减，这一地区又一次变得贫穷。

○琐罗亚斯德教

波斯人信奉琐罗亚斯德教。琐罗亚斯德又称查拉图斯特拉，他生活在约公元前1000年，他认为生活是处于善与恶之间的战斗。琐罗亚斯德相信世界中善的来源是"智慧主"，阿胡拉·玛兹达是光明与真理之神。在每座波斯神庙里点燃的圣火象征着他的光芒与永恒的善。

← **阿胡拉·玛兹达**
波斯人的主神是阿胡拉·玛兹达，他是善的源泉。形象是有着翅膀的人形，是拜火教的象征。教士们照管着他的圣火，被称为马吉，源于"魔法（magic）"一词。

← **神牛**
在古代波斯，牛是力量的象征。波斯人也相信：牛是最早被创造出来的动物，当第一头牛被杀死后，世界上其他所有的动物从它的灵魂中产生。

历史深追踪

隐藏在河谷中的城市

> 印度河是世界上最长的河流之一。但在18世纪之前,人们根本没有想到这条藏身于沙漠、人迹罕见的河流曾有过堪与古埃及相媲美的璀璨昨天,而且与其他古代文明相比,完全是史无前例的。

约在公元前2500年,在印度河流域平原出现了一个神秘的文明。考古学家们一直不能够破译他们的文字,发现他们的宗教是什么,或者知晓他们的文明为什么消亡。但是我们确实知道印度河流域的人们存在文明,他们耕种印度河边肥沃的土地,利用从河床中取的泥土制造砖,建造了几个大型的城市。

印度河流域文明的绝大部分信息来自于摩亨佐·达罗与哈拉巴这两座伟大城市的遗迹。这两座城市修建

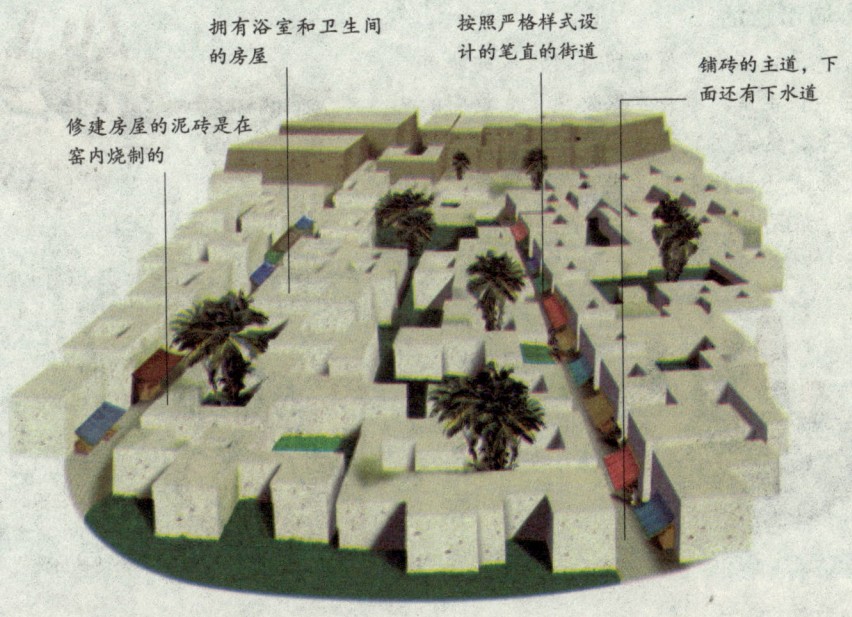

拥有浴室和卫生间的房屋

按照严格样式设计的笔直的街道

铺砖的主道,下面还有下水道

修建房屋的泥砖是在窑内烧制的

▶ **摩亨佐·达罗城**

摩亨佐·达罗城的街道笔直,转弯呈直角,像现代的美国城市。这座城市好像经过精心设计,这在那个时代非同一般。

■ 我的第一次探索 ●●●●

在河流洪水冲积平原上。由于河流每年有规律地发生洪涝，他们在洪水的水平位上面建造了一些巨大的泥砖平台，然后再开始在这上面修建建筑并居住。

每个城市被分为两个部分。一部分是人们居住的地方。平顶泥砖屋修建在干净笔直的街道与小巷两边。绝大多数的房子有一个院落，一口用来取水的井，甚至还修建了卫生间，污水排到街道下面的下水道。

城市的另一部分是围墙围起的部分，包括大型建筑如公共浴室、议事厅与大型粮仓——面积相当于一个奥运会游泳池大小。祭司与信徒们在宗教仪式前会利用浴室进行沐浴。在大型粮仓的附近是大的脱粒场地，在这里，农民们打完谷后再卖给城里人。

这个文明延续了约800年，其后逐渐地衰落，房屋倒塌，许多人离开。没有人知道原因，可能是大洪水与不断增长的人口使得农民生产更多的粮食，耗尽了地力，最终引起了歉收与饥荒。

○ 城市生活

从证据看，好像印度河流域的城市生活很丰富。考古学家发现了度量衡的木条，这表明它们是贸易中心。商人与贸易者还包括手工业者可能在街道上聚集。农民也把他们的粮食运到城市卖。

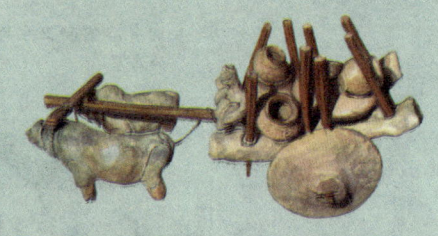

← 车模
这样的泥土模型由两头牛拉着，证明印度人使用车轮。他们使用大型的车运载粮食与其他产品。

← 棋盘游戏
考古学家发现的棋盘游戏与动物玩具表明，古印度人喜欢娱乐。

← 泥印
像这样的印章可能属于商人，用于签署文件和财产契约。印纹以动物为特征，包括公牛、羚羊、水牛或者老虎等在这一地区出没的动物。

历史深追踪

苍穹下的孔雀王朝

> 印度河流域文明消亡1 000多年后，在印度次大陆上又出现了一个新的辉煌的帝国。它就是众所周知的孔雀帝国，名称来源于其统治家族。

在公元前322年至公元前185年间，孔雀帝国的皇帝们给饱经战争之苦的印度带来了和平与佛教，并第一次统一了这一广阔的地区。

印度次大陆地区有着各种各样的人，他们说不同的语言、有着不同的信仰与习俗。到公元前6世纪，单是在印度北部就有16个不同的邦国，绝大多数是在恒河流域边以泥砖城市为中心的邦国。恒河流域的各个城市之间为了肥沃的土地相互征战不断。在公元前4世纪，西北部的一个叫摩揭陀的王国逐渐兴起，并打败邻国。它的领导者是一个贵族武士，名叫旃（zhān）陀罗笈多。

旃陀罗笈多驱赶了希腊人侵者，建立的帝国包括从兴都库什到孟加拉整个北部印度。他的儿子继续了扩张，

←圣河

尽管孔雀王朝时期，恒河边没有庙宇，但是对印度教来讲，恒河是神圣的，人们相信在水中洗浴可以洗去罪恶。

我的第一次探索

但是直到他的孙子阿育王统治期间,孔雀王朝才达到其最辉煌的时代。

阿育王开始了更远的扩张,包括征服卡林迦王国,但是他被战争的残酷震惊了。他决定成为一名佛教徒,并希望其他人也追随他,信仰和平。

阿育王派出使者,命令把他的信仰消息让全帝国都知晓。佛教的书籍与名言都被刻在柱子,特别是光滑的悬崖壁上。它们说明他的信仰:每个人都对其他人的幸福有责任。它们也劝导人们要宽容其他信仰,并避免暴力。

阿育王修建医院并颁布新的法律,建造了道路网,连接整个帝国的城镇。耕种取得进展,贸易扩张了。孔雀帝国给印度带来了和平与繁荣。然而,这需要阿育王的领导才会保持,当他死后,帝国迅速分崩离析。

宗教

世界上两大宗教——印度教与佛教——都来自于印度。印度教可以追溯到约4 000年前。阿育王引入了佛教。到孔雀王朝末期,它是北部印度流传最广泛的宗教。阿育王也派出佛教僧侣到邻国如缅甸,以传播佛教。

← **圆柱**
阿育王的圆柱顶部经常装饰一个或几个狮子。用当地文字刻在柱子上的箴言劝告人们要避免暴力、吃素以及尊重别人的信仰。它们也让每个人记住阿育王是如何通过修建道路、养老院以及打井来帮助普通人的。

↗ **《罗摩衍那》微雕**
一个印度微雕展示了印度最伟大史诗之一——《罗摩衍那》中的一个场景。

↗ **佛像**
悉达多·乔答摩,是一个印度王子,约出生于公元前563年。

历史深追踪

尼罗河畔的古埃及

在5 000年前,一个伟大的文明——埃及——在北非出现。它由权力无所不在的法老统治,古埃及统治这一地区有3 000年,是最为成功的古代文明之一。

埃及文明从那尔迈开始。约在公元前3100年,他统一了上埃及与下埃及两个王国,成为第一个国王(法老)。在王国内,法老是最有权势的人,被认为与神一样。在那尔迈以及其后法老的统治下,埃及逐渐繁荣。为了帮助他们行使权力,法老训练了文官抄写员。这些文官记录并征税,执行王国内日常政务,此时的王国被分为许多地区。商人到邻国如巴勒斯坦、叙利亚以及努比亚进行贸易,不久埃及军队就尾随而至,占领这些地区一段时间。

古埃及的土地是干燥荒凉的,埃及人依靠尼罗河生存。它是这一地区生命的血液,提供了所有的东西——土地的肥料、农耕与灌溉的水,以及被称为"三桅帆船"——埃及人的小船——行驶的航道,这些小船是世界上最早的航海工具。

每年尼罗河都发一次洪水,肥沃的淤泥为两岸提供了养料。在洪水期间,没有人可以劳作。于是王国所有能够劳动的人都去修筑巨大的建筑工程,如城市以及供奉埃及众神的庙宇。他们也修建巨大的金字塔,这是法老死后的坟墓。金字塔修建在沙漠地区。

在古埃及漫长的3 000多

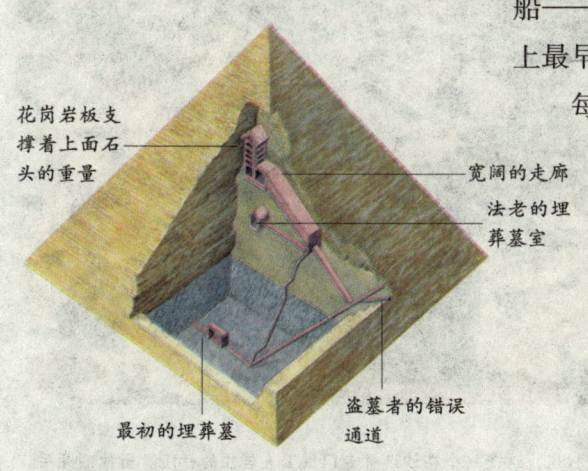

↗ **金字塔的内部结构**
在吉萨的胡夫金字塔是最著名的金字塔。胡夫金字塔高146米,由超过200万块石灰石组成,一些石头重15吨。

我的第一次探索

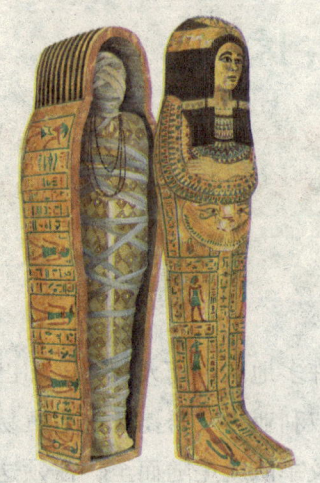

木乃伊
当法老死后，他的尸体被保存起来。内部的器官被去掉，身体用化学药水处理，然后用绷带缠好制成木乃伊。木乃伊被放在一个装饰好的棺材里，然后安置在金字塔坟墓内。

年的历史中，都是由法老统治的。从新王国时期开始的法老都非常有权力，他们扩展帝国的边疆，向西亚派出使者。他们修建雄伟的庙宇，建造巨大的自己的塑像。在大约500年内，新王国时期的埃及文明是世界上最伟大的文明。

埃及人相信他们的法老是神。对他们而言，法老既是鹰神荷鲁斯，也是太阳神阿蒙。这种神化的地位给了法老绝对的权威。他们任命祭司、书记官以及高级官员。他们还控制着军队，许多士兵是从被征服地区——苏

德尔·埃尔蒙地村
建造法老墓穴的工人生活在德尔·埃尔蒙地村庄，这是一个在沙漠里专门供工人居住的村庄。当他们死后，就被安葬在村子上面悬崖的棺材里。工作时，他们每60人分为一组。有一个监工进行管理，工人每天工作8小时，每工作8到9天后休息，工人们都有报酬。当报酬没有到位时，工人们就会游行。这可能是最早有记录的游行了。

历史深追踪

拉美西斯二世
拉美西斯二世于公元前1304~前1237年在位，他的这尊雕塑竖立在阿布辛贝神庙的前面。这是他建造的表现他的权威的许多纪念物之一。

丹到叙利亚征集的。

　　法老每到一个地方，埃及人就会记录下法老的权威。在庙宇的前面，是巨大的法老石像，并以太阳神为原型。雕塑告诉人们法老神的地位。人们也能够知道法老在巴勒斯坦和努比亚取得的胜利，以及与土耳其的赫梯人之间订立的和约。

　　最著名的法老来自于新王国。他们包括拉美西斯二世、著名的军事领导人赛梯一世、埃赫那吞——他废除了除太阳神以外所有的神、少年法老

○来 世

　　古埃及人相信有来世，他们也认为法老是神。当法老死后，他们仍能在阳间复活。由于这种原因，古埃及人制作木乃伊来保护法老的身体。

狮身人面像
在吉萨的狮身人面像象征着王权。它约有18米高，55米长，约在公元前2620年用石灰石雕刻而成。

大金字塔
上图的金字塔修建于公元前2560年。最早的平滑外顶至今仍然存在。当时，古埃及差不多动用了1万劳动者修建这座金字塔。

制造砖
坟墓上的画告诉我们许多古埃及人日常生活的情况。这里，手工艺者用从尼罗河取来的软泥添加麦秆，制造建筑用砖。

我的第一次探索

图坦卡蒙，以及一个强有力的皇后哈特苏普苏特。

在新王国的辉煌后，埃及经历了多次入侵以及法老的更替。它曾经成为亚历山大帝国的埃及行省，而自公元前30年，女王克里奥帕特拉死后，埃及成为庞大的罗马帝国的一个组成部分。

散落在沙漠上的遗珠

非洲是面积较大的古代大陆。其北部地区发展出伟大的埃及文明，而其南部，在分割非洲大陆的撒哈拉沙漠以南，也出现了其他的文明与王国。

非洲南部文明许多是熟练地制造金属的文明，他们制造出工具、漂亮的项链和雕刻。他们派出商人进行长途贸易，许多商人驾着骆驼穿过广袤的沙漠，忍受炎热与饥渴，到达红海沿岸以及北非的贸易港口。非洲文明分散得很远很广，但是也有几个主要的中心。加纳、贝宁、马里以及松海是几个在西非不同时期繁荣的小王国。他们都说班图语，是班图人的后裔。班图人是4 000年前在西非兴起的农耕与放牧人。他们向北运过去象牙、乌木、金、铜以及奴隶，带回来如陶器与玻璃器皿等工业制成品。他们学会了怎样冶铁，这可能是从迦太基这样的北非城市的人们那里学会的。随着对

↗ 大津巴布韦
大津巴布韦巨大椭圆形的石头围墙里是修纳王国的中心。现在石头还在，还有几处建筑的遗迹，可能是统治者的居住地。

历史深追踪

方尖石塔

阿克苏姆的埃塞俄比亚王国与印度和伊斯兰世界进行贸易。其统治者在塔卡加·马瑞姆修建了一座宫殿，还修建了许多方尖石塔，有一些有30米高。而绝大多数的人生活在矮小的茅草屋里。

他们货物需求的增加，王国逐渐地繁荣了。

在东非也有众多的贸易王国，最著名的在津巴布韦平原。在这里，修纳人拥有肥沃的土地，以及铜与金等丰富的矿产资源。他们的商人到达了非洲的东海岸，在那里，他们与印度，甚至是中国来的商人进行贸易。更北的地方还有主要进行贸易与制造金属的王国，主要位于今天的赞比亚，还有埃塞俄比亚地区。

○ 最早的文明

在非洲出现的最早文明是埃及南部的库苏王国，它从公元前500~350年在尼罗河边繁荣。麦罗埃是它的首都，也是重要的冶铁中心。约从公元前500年起，金属冶炼技术向南传播到非洲的其他地区。

壁画

这是在西非的马里发现的一幅壁画。它在1200~1500年期间曾经一度繁荣。

非洲文明地图

非洲人居住在肥沃的河谷附近，以及有着丰富铁与黄金资源的地方，甚至在荒芜的撒哈拉沙漠地区也有定居者。绿洲与停留地为商人服务，撒哈拉沙漠也为人们提供了盐，这是古代世界最基本的生活必需品之一。

■ 我的第一次探索

非洲这些王国的人们过着与他们环境相适应的生活。他们在肥沃的土地上耕种与放牧，寻找金属矿石的资源。他们的王国持续了很长时间，许多王国一直繁荣，直到欧洲人来到非洲进行殖民。

克里特岛迷宫之谜

> 古希腊是古代文明发源地之一。希腊自古出神话，有些神话虽然是一代代口头流传下来的，但都是事出有因，有些甚至是真实发生的事件，只不过经过漫长的历史岁月，被蒙上了一层神秘的面纱。

在希腊爱琴海的南部有一个克里特岛，岛上不但有脍炙人口的神话，还有一座迷宫。千百年来，围绕这座迷宫，人们都想解开其中之谜，但经过了一代又一代，迷宫始终还是一个谜，吸引着更多的人去探其究竟。

在100年前，英国考古学家阿瑟·埃文斯取得一个意外的发现。他在地中海克里特岛发掘到漂亮的克诺索斯宫殿遗迹。宫殿是巨大的，有几百间房子、庭院以及弯曲的楼梯。这使埃文斯想起了古代希腊迷宫的神话故事，这个迷宫是由传说中的克里特国王米诺斯修建的，于是埃文斯以传奇国王的名字称这处遗迹为米诺斯。

宫殿的遗迹给了我们许多线索，使我们可以知道更多有关米诺斯人的情况。起初他们来自于希腊本土，后来迁移到克里特岛，在这里大约经过了1 000年左右，创建了一个繁荣与神奇的文明，这一文明在公元前2000~前1700年达到了顶点。海洋孕

▶ 日常生活

米诺斯文明的城市人口稠密。许多城市建在海岸边。房屋通常有两三层楼高，被涂上颜色。在岛上生长着橄榄树，橄榄通常被用来炼油与烹饪。

历史深追踪

育了丰富的鱼类资源和肥沃的土壤，这意味着米诺斯人拥有富有安逸的生活方式。

米诺斯人在克里特岛上修建了许多宫殿，克诺索斯是最大的。建筑包括神龛、宗教象征以及神像，有几间宽敞、装饰精美的房间，可能属于王室。一些小的屋子内满是高坛子，被称为储物罐，它们是用来装油、酒以及其他东西的。可能在克诺索斯生活着一个僧侣阶层，同时克诺索斯也是一个食品与商贸交流中心。

克里特宫殿的墙上是漂亮的图

↗ **装东西的坛子**
在克诺索斯，考古学家们发现了上百个像这样的陶制储物罐，许多有成年男子那么高。

○ 公牛米诺陶洛斯

根据希腊神话，克里特岛被米诺斯国王统治着。他是欧罗巴的儿子，而欧罗巴是诸神之一。海神波塞冬给了米诺斯一个神奇的白公牛作为祭祀用。公牛对米诺斯人来讲是神圣的，它们的图案在克诺索斯随处可见。

↗ **杀死米诺陶洛斯**
希腊英雄提修斯杀死了怪物米诺陶洛斯，米诺陶洛斯是一个半人半牛的怪物。根据希腊神话，米诺斯把米诺陶洛斯放在一个迷宫内，每年都要向他敬献年轻的男女。

↗ **跳跃公牛**
一幅壁画显示年轻的米诺斯男女跳过公牛的背部。这一大胆的表演可能是宗教仪式的一部分，这种宗教仪式在克诺索斯的街巷中举行。

■ 我的第一次探索

画,许多都保存下来。一些画描绘的是自然的风景,其他的一些描绘的是米诺斯人工作、娱乐以及参加宗教仪式的场面。

米诺斯人是很好的船员。他们与许多国家进行贸易,从土耳其进口铜,从埃及进口象牙与黄金,从阿富汗进口天青石。

突然之间,繁荣的文明遭受到一场灾难,宫殿倒塌,并发生了大火。可能是由于发生了地震或者附近的泰拉火山爆发了。米诺斯人重建了他们的宫殿,但是在公元前1450年,再次发生了灾难,从希腊本土来的迈锡尼人入侵克里特岛,这一次,米诺斯没有能逃脱厄运,米诺斯文明被摧毁。

迈锡尼英雄的末路

迈锡尼文明是希腊青铜时代的最后一个阶段,包括荷马史诗在内,大多数的古希腊文学和神话历史的设定都在这个时期。

迈锡尼文明是在19世纪末由海因里希·施里曼在发掘迈锡尼和梯林斯的过程中重见天日的。施里曼相信自己找到了荷马史诗《伊利亚特》和《奥德赛》中所描写的世界。在一个迈锡尼的墓穴中,他将所发现的一个金箔面具命名为"阿伽门农面具"。同样,他将一个在皮洛斯发掘的宫殿命名为"尼斯托耳宫"(希腊神话中皮洛斯王国的国王)。

约在公元前1600年,一个好战的民族统治着希腊本土,他们就是迈锡尼人,得名于他们在伯罗奔尼撒半岛东北部的最大军事据点迈锡尼。迈锡尼人创造了第一个希腊本土文明。他们生活在小山顶的据点或者坚固的居住地,制造非常好的金属物品,士兵以英勇而闻名。

迈锡尼人可能包括几个不同的部落,每一个部落都有自己的首领和堡垒。迈锡尼是最大的,但是在提林斯和伽拉还有其他部落。他们说早期的希腊语,其巨大的要塞是用大石头建造的。从希腊本土出发,他们远航到爱琴海和地中海。他们的商人向西航行到达西西里,向东航行到达土耳

历史深追踪

其海岸，在那里他们建造了贸易港口——米利都。他们也到达一些希腊岛屿，与当地人进行贸易或者建立殖民地。最大的征服行动是对希腊最大的岛屿克里特发动的，他们打败了米诺斯人。这次征服使得他们可以使用以前米诺斯商人的贸易路线。

迈锡尼人留下的遗迹现在看起来很荒凉，只有风吹日晒的山壁上光秃秃的石墙。事实上国王与贵族生活豪华，他们在要塞内修建小但是奢华的宫殿。每一个要塞都有供国王、士兵、官员、神职人员、书记官以及手工业者居住的房屋。农民居住在周围

↗ 迈锡尼

迈锡尼人在山顶以及靠近海岸的地方修建他们的大型要塞。农田延伸到内陆平原，高大的城墙环绕着要塞。据说这些墙是由独眼巨人塞克诺斯修建的。在迈锡尼城内是宫殿和其他的建筑，而围绕要塞形成了一个城镇。

○ 特洛伊战争

古代希腊神话故事给我们讲述了在希腊与特洛伊之间发生的一场战争。特洛伊王子帕里斯与斯巴达王后，也就是斯巴达国王墨涅拉俄斯的妻子海伦陷入爱河并私奔。墨涅拉俄斯国王、他的兄弟阿伽门农以及大批军队包围特洛伊10年之久，并最终占领了这座城市。历史学家们相信这个神话故事依据的是迈锡尼人发动的一场真实战争。

↗ 迈锡尼战士

迈锡尼战士身穿盔甲，手持锋利的武器。在迈锡尼的社会中，战士是非常重要的。

↓ 特洛伊木马

希腊人用一个木马欺骗特洛伊人。他们假装撤离特洛伊，把木马留在了后面。特洛伊人把木马运回城。藏在木马内的希腊士兵在夜晚出来协助希腊军队占领了特洛伊。

· 53 ·

我的第一次探索

的平原与乡村,他们供养国王与其官员,在战争的时候进入要塞躲避。

迈锡尼文明一直延续到公元前1200年,一场大火烧毁了迈锡尼要塞。尽管其后迈锡尼文明又延续了100多年,但是他们的势力已经衰落了。

古典时代:寻找最初的梦想

> 古典希腊时期前承古风时期,后启希腊化时代。古典希腊时期的文明影响了后来的古罗马文明,并对整个西方文明产生了重大影响,是西方文明的"摇篮"。

欧洲人统治国家的方式、读的书、看的戏剧,甚至许多运动都有着古典希腊文明的渊源,古典希腊文明在约公元前2500年繁荣。希腊人没有大的帝国,文明包括几个独立的城邦国家。但是他们的艺术、科学、哲学以及生活方式都对后人的生活有着重要的影响。

希腊是一个山地国家。早期希腊人居住在海岸附近或是山脉之间的肥沃平原。逐渐地,这些早期的居住地成为城邦。希腊人是优秀的航海者与造船者,当他们航行到意大利以及东地中海与他们的邻居进行贸易时,他们的文明开始逐渐繁荣。他们也在这些地区以及爱琴海沿岸地区建立殖民地。

随着财富的增长,希腊人修建了繁华的城市,最大最富有的是雅典,成为希腊文明的中心。雅典的居民非常喜欢休闲,希腊的戏剧家如索福克勒斯写出了西方剧院内最好的戏剧。他们的音乐家创作出优美的音乐,建筑师们建造出精美的建筑与庙宇。同

← **维纳斯**
阿芙罗狄忒美丽的雕像就是人们熟知的维纳斯。它显示了古希腊人对于理想身材的观念。

历史深追踪

雅典娜神像
雅典娜是雅典的保护神,同时也是智慧女神。雅典人十分尊崇她。

帕特农神庙

神圣的卫城
一座小山俯视着雅典城,这就是卫城。它是城市宗教中心,有神圣的祭祀神灵的庙宇。每四年在此举行一次盛大的宗教节日

雅典的守护神——女神雅典娜的黄铜雕像

行进的队伍穿过通廊的入口处进入其中

时希腊人也开始了奥林匹克运动会。

在整个古代世界,希腊的教育也是闻名的。哲学家——或者说思想家——来到雅典讨论从爱的性质到如何治理国家的所有问题。雅典人发展出一种新的统治方式,人民对统治者有发言权。他们把这叫做民主,或者说由人民统治。虽然事实上并不是每一个人都有权投票,但是这确实是现代民主政治的先驱。

雅典存在了好几个世纪,一直到罗马人开始征服地中海世界。这期间雅典与希腊另一个城邦斯巴达进行的战争也削弱了雅典。在公元前404年,斯巴达打败了雅典。

希腊城市的中心是市场。市场是一个中心广场,周围是城市的主要公共建筑——庙宇、法庭、商店与市政大厅。人们来到市场买东西、会见朋友、聆听学者演说或者只是说说闲话。城市市政会议也在市场内举行。

市场的旁边是私人的房屋。房屋被安排在庭院的周围,它有外伸的屋顶以及小的窗户,用以遮挡烈日和冬

■ 我的第一次探索

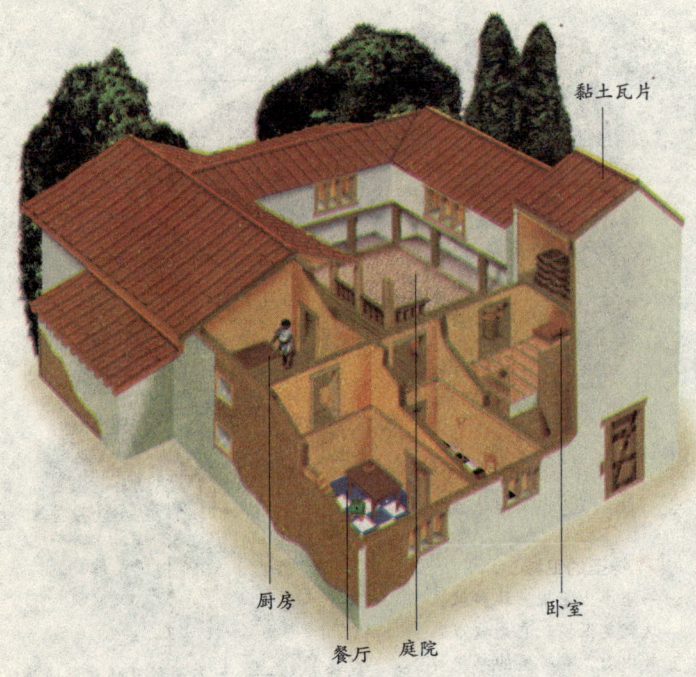

黏土瓦片

厨房
餐厅　庭院
卧室

↗ 古代希腊的住宅
绝大多数希腊的房屋是用泥砖建成的，有木头的地板以及黏土瓦片。大多数的房子有庭院，包括一个祭坛，这是给神供奉祭品的地方。

日的寒冷，家庭生活的大部分在这里进行。

在古代希腊，男女的地位是不平等的。妇女没有投票权，在私人财物和金钱方面的权利也很少。绝大多数妇女的任务就是结婚并养育子女。男性享有很大的自由。在绝大多数的希腊房屋中，有一个房间是古希腊男子专用的房间。

男孩与女孩也是区别对待。在城市里，男孩从7~12岁上学。他们学习阅读、写作、音乐、诗歌以及摔跤之类的体育运动。绝大多数的女孩与母亲一起待在家里，学习针线、洗衣、做饭，这样的话以后才可以料理家务。

而在特殊的城市斯巴达，生活是不同的。从孩子的幼年起，他们就被要求学习战争中保护自己的技巧以及在军队中生活。所有的男人都得服军役，女孩也得被训练适应艰苦的野外生活。

当希腊人去世后，人们相信死者会到阴间。希腊人认为阴间是一个黑暗的地下世界，周围是冥河。他们埋葬死人时会随葬硬币，用来打点冥府渡神，他将用船把死者摆渡过冥河，到另外一个世界。

历史深追踪

希腊化的世界

公元前336年，一个叫亚历山大的年轻人成为希腊北部马其顿王国的统治者。在他短暂的一生中，亚历山大与他训练有素的军队建立了古代世界最大的帝国之一。

亚历山大和他的军团横扫小亚细亚，并到达地中海东部海岸征服了腓尼基以及现在的巴勒斯坦。然后他们又到达埃及，在这里，亚历山大被尊崇为太阳神之子。从这里出发，亚历山大与他的军队又向北征服波斯，此外还到达印度边境的印度河流域。之后亚历山大准备远征阿拉伯半岛，但是由于一次瘟疫，他在33岁时死去。

亚历山大是有史以来最伟大的军事统帅和最强有力的统治者之一。他受过良好的教育，他的老师就是希腊哲学家亚里士多德。同时他也是一个善战的骑兵，拥有无穷的精力。在征服波斯以后，他准备继续进军印度，但是他的军队太疲劳了。

○ 娱 乐

古代希腊人喜欢音乐和艺术，并经常到剧院观赏戏剧。体育运动也是重要的，并具有宗教色彩。第一届古代奥运会在公元前776年举行，是为了纪念宙斯。古代奥运会也是每4年举行1次。

← 运动员
这是一个希腊掷铁饼者。当时的奥运会只有男人可以参加，女人甚至不允许观看比赛。不过她们有自己的运动会，是为了纪念女神赫拉。

↗ 圆形剧场
希腊的剧场是大的露天的，有成排的石头座位。这里定期举行戏剧节目，是阿里斯托芬、索福克勒斯以及欧里庇得斯等戏剧家竞争最优秀戏剧家的荣誉之地。

· 57 ·

■ 我的第一次探索

○亚历山大

当马其顿的腓力二世被暗杀后,亚历山大得到了希腊最强大的王国。腓力二世去世前正准备进攻波斯,亚历山大继承了他的遗志。

↖ 亚历山大城
卡伊土贝伊城堡在现在的埃及亚历山大市。公元前332年,亚历山大建造了这座城市。他也建造了其他的城市,许多是以他的名字命名的。

↗ **布西法尔**
亚历山大非常喜欢一匹名叫布西法尔的战马。传说这匹战马非常有野性,只听从亚历山大的命令。

↗ **特尔斐的圣谕宣示所**
希腊人经常请教圣谕,在重大事件前祈求神灵的启示。腓力二世与亚历山大就经常请示神灵意见。最著名的是特尔斐的神谕宣示所。

到他去世的时候,亚历山大已经走过了3.2万千米伟大的征服历程。他每到一个地方,都带去了希腊的文化和生活方式,于是希腊文化传播到很广的地区。他修建城市,常以他的名字命名,并留下工人继续修建古典建筑,如庙宇、剧院、房屋,所有的都是按照希腊的风格建造的。在约300年内,希腊风格流行于整个西亚,历史学家们把这段时期称为"希腊化时期"。

亚历山大死后,他巨大的帝国并没有延续下来,他的军事将领们瓜分了帝国。托勒密——著名的克里奥帕特拉女王的祖先——统治埃及;安提可留斯取得希腊语土耳其的大部分;塞琉古——波斯塞琉古王朝的奠基者——控制了从土耳其到印度的广大地区。只有以亚历山大命名的城市还能使人们想起这位马其顿伟大的统治者。

历史深追踪

扩张，扩张

> 古罗马是从公元前9世纪初在意大利半岛中部兴起的文明，它经历了罗马王政时代、罗马共和国，于1世纪前后扩张成为横跨欧洲、亚洲、非洲的庞大罗马帝国。

2000年前，一个意大利小城镇逐渐地成为整个西方世界最重要的城市，它就是罗马。罗马城修建在台伯河边的小山丘上，到公元前3世纪时候，它已经变得强大了。罗马有着组织完备的政府，令人恐怖的军队，并占据了整个意大利。在接下来的200年里，罗马扩大了它的影响并成为整个帝国的中心。到公元117年，罗马帝国的版图包括从不列颠到北非，从西班牙到巴勒斯坦的广大地区。

帝国的中心是罗马城。城市的中心是市民广场，这是一个由大型公共建筑——如庙宇、浴室以及运动场——所包围的大广场。罗马人继承了古代希腊文明的大部分。他们的许多公共建筑带有希腊风格，也有

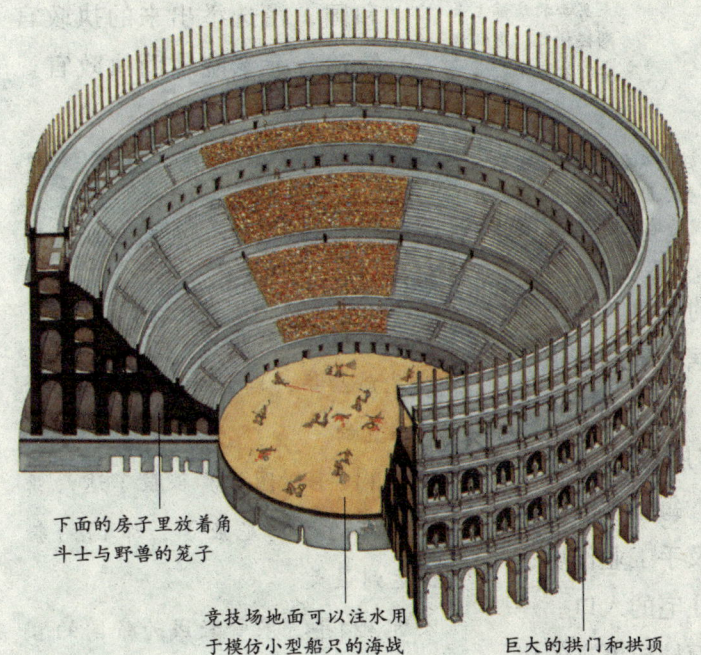

下面的房子里放着角斗士与野兽的笼子

竞技场地面可以注水用于模仿小型船只的海战

巨大的拱门和拱顶支撑着巨大的框架

↗ **罗马椭圆形剧院**
罗马的皇帝举行大型的活动来博取罗马人民的欢心。罗马城的椭圆形剧院是最大的。它在公元80年开放，能够容纳5万名观众一起看角斗士的表演。

我的第一次探索

穷人住在楼上相对狭小的阁楼里

手工艺品的制作者在一楼的作坊里制作并售卖他们的物品

楼层较低的公寓住宅的房间更加宽敞一些,价格也因此更贵一些

一处大门引导着结束买卖的店铺主来到楼梯处,走到楼上的公寓住宅

街道景观

在罗马港口城市奥斯提亚,完好地保存着古罗马时期的房子。从海岸吹来的沙子覆盖了房屋,保护了马赛克地板与墙。这座城市满是铺着地板的楼房,楼房下部是商店与酒馆。古典的柱子与大理石的雕塑。

在市民广场外是居住地的街道。城市的土地非常昂贵,贫穷的人供养不起房子,只好租多层楼的单间房间,就像现代的公寓。每幢楼的下面是装满货物的商店以及手工业作坊;在商店的中间是单元住宅的入口。一些房间较大也较贵,而楼层更高的房间更小、更便宜。很少有房间能自己供应水以及有好的厨房。

在乡村也是这样,许多普通的罗马人生活在贫困之中,依靠种地并把食物卖给城市人维系生活。在乡村,土地便宜而且很多,于是有钱的罗马人在那里为自己修建了宽敞豪华的别墅,这些房子里通常有浴室以及地下的供热系统。

随着罗马影响力的扩展,罗马的政府也发生了变化。以前城市是由国王统治的,但在公元前509年,罗马变成了共和国,由选举出来的执政官统治,元老院辅助执政官。

大事记

* 公元前58~前50年,朱利乌斯·恺撒征服了高卢。
* 公元前44年,恺撒被暗杀。
* 公元前27年,奥古斯都成为第一个罗马皇帝。
* 公元117年,图拉真征服了达西亚(现在的罗马尼亚),帝国的疆域达到最大。
* 公元324年,基督教成为帝国的官方宗教。
* 公元410年,入侵的哥特人征服并破坏了罗马城。

罗马社会

罗马社会分为不同的阶层或者社会集团。在最上面的是将军、统治者、文官以及其他重要的官员；下面是银行家与商人；再下面是手工业者与小商贩；社会的最底层是奴隶。

船
罗马人利用船进行战争与贸易。奴隶划动两边的桨驱动船前进。

在浴室里
罗马城有大型的公共浴室建筑。浴室里有不同温度的不同浴室间。既有冲凉水澡的地方，也有蒸汽按摩的房间。人们到浴室不仅仅是为了洗澡，这里也是会见朋友与社交的地方。

尼普顿
罗马人崇拜的神与古希腊人崇拜的一样，但是罗马人给他们起了不同的名字。希腊海神波塞冬在罗马被称为尼普顿。

在执政官的统治下，罗马的势力继续增长，到公元前2世纪时，只有北非强大的贸易帝国迦太基可以与罗马相比。在公元前146年，罗马人征服了迦太基。罗马作为共和国，一直延续到公元前27年，在内战后，奥古斯都成为罗马的第一个皇帝。在接下来的500年内，一系列的皇帝统治这个当时西方世界最大的帝国。

罗马的成功有许多原因。帝国有一支强大的有组织的军队。当罗马人征服了一个新地区后，他们也获得了战利品。通过这种方式，罗马人获取了各种各样的原材料，包括从中欧来

母狼育婴青铜雕像
相传，罗穆洛斯与瑞摩斯两兄弟建立了罗马。他们是弃儿，在奄奄一息的时候，是一只母狼喂养了他们。

> 我的第一次探索

的铁、从西班牙来的金银。随着罗马征服了新的地区，他们也把自己的政府体系、语言和法律传播到被征服的地区。

罗马帝国也有许多杰出的工程师，他们修建桥梁、沟渠以及第一个圆顶屋。罗马人发展了混凝土技术。他们修建通向帝国各地长而笔直的道路网络，许多道路现在还在使用。

到公元200年左右，罗马的势力达到了顶点。罗马人似乎可以做任何事情，他们的军队可以征服任何国家。但是最后罗马帝国变得太大了，从中欧开始，边缘地区的人们起来反抗，罗马帝国迅速调动军队镇压，但是镇压起义变得越来越困难，庞大的罗马帝国开始分裂。公元395年，帝国分为了两个部分。

在世界的另一边：中国

> 中国的文明是独立于世界上其他的文明而发展起来的。在许多地方，中国的文明比欧洲和西亚的文明更为先进，而那些地方的人们并不知道在中国发生的事情。

中国人发明了许多东西，包括冶金与文字，而这些是在没有与其他民族交往的情况下进行的。这使得中国的生活方式与其他文明迥然相异。

中国历史的时期是以王朝或统治者家族命名的。商朝是很早的王朝，开始于公元前约1600年。许多中国人日常生活的主要特征就是在这一时期发展起来的，如耕种与祖先崇拜。商代的中国也精通于制造青铜器与玉器。在龟甲或兽骨上契刻文字。而这种文字是中国已知最早的成体系的文字，今天的汉字即由这种文字演变而来。

中国是一个幅员辽阔的国家，商朝仅仅统治着中国北部。祭司性质的国王是最有权威的，对中国人而言，他们是神一样的人物，能够与天上的祖先交流。

商修建了许多都城，这可能是由于黄河发洪水而不断地迁移。他们最早修建的都城在河南偃师二里头，然后在郑州和安阳修建了都城。

历史深追踪

建在坚固木头支柱上的房子　牛拉手扶的耕犁　在水田里生长的稻米

↗ **耕作**
几千年来，中国人在经常发洪水的黄河流域肥沃的土地上进行耕种。商代的农民种植粟、小麦与水稻。他们也家养牛、猪、狗与羊。

考古学家在安阳发现了许多木屋、宫殿、库房和街道的遗迹。他们也发现了国王的坟墓，在里面有陶器、青铜器以及玉器，还有近4 000件贝壳，这是商代人的货币。在墓穴里还有47具其他人的尸体，可能是统治者的殉葬者。

公元前11世纪，从西北来的周朝取代了商。周统治者带来了铸币，同时周代的手工业者还发现了如何冶铁。他们也发明了弩。周统治中国大约有800年，它让地方的诸侯治理本地。但是诸侯们的相互征战使中国进入了"战国时代"。

○ 信仰

古代中国人相信精神控制所有的事物。他们也崇拜死去的祖先。孔子是影响中国人信仰的人。另一个是老子（约出生于公元前604年），他是道家的创始人。道家教育人们应与自然、宇宙和大地和谐共存。

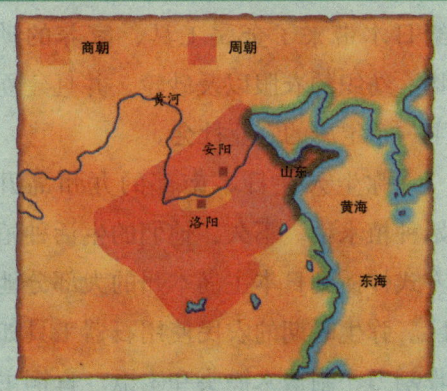

↗ **中国早期的王朝**
这幅地图显示的是商与周朝的疆域。商的发源地是黄河流域，在这里，水从山上流下形成肥沃的平原。他们修建了主要的城市，而安阳是他们的都城。周从更远的北方来，但是也占据了平原地区，他们在镐京（今西安附近）建都。

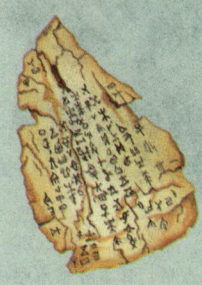

← **甲骨文**
当一个巫师想问神灵一个问题的时候，他就把问题写在一片动物骨头上。把骨头放在火中直到它裂开，然后再对其解读。甲骨文是中国文字的第一种形式。

我的第一次探索

最早的日本生活

> 日本人类在旧石器时代末期才发生较大发展,在旧石器时代的大部分时间里日本的发展都比较缓慢。后来一部分亚洲大陆人移民日本,日本才慢慢从原始的采集生活过渡到农耕生活。

最后一次冰川期以后的几千年内,日本的居民依靠打猎与采集生存了下来。考古学家称这些早期的日本人为绳纹文化时期的人。他们使用石头与骨头制成的工具。公元前3世纪,一群新的人从亚洲大陆来到日本,他们就是弥生人,是日本最早在灌溉的田地里种植水稻的人。他们也给日本带来了金属工具、家养的动物、纺织的衣服以及砂轮,并且建立了一个定居的农业社会。

弥生人在日本南部的九州岛开始种植水稻。不久,他们的生活种植方式传播到日本主岛本州的大部分地区。弥生时期的农民使用石器工具如收割刀,制造木锄头和木锹。青铜主要用于制造武器以及装饰精美的物品,如铎与镜子。从这些证据,考古学家相信只有富有的或者地位高的日本人,如首领、祭司、武士,才使用金属物品。

到了弥生后期,出现制铁和制盐等社会分工,制铁农具普及,石器基本消失。

到公元3世纪,一些主要的军事将领获得了统治日本大片地区的权力。这些有势力的家族成为日本文化——大和文明的领导者。他们宣称自己是从太阳神那儿来的,势力迅速

↗ 栽种水稻

早期的日本人在水田内种植水稻。日本种植水稻的技术可能在公元前500~前300年间由朝鲜半岛传入。

历史深追踪

扩张到整个日本。他们统率骑兵，并从中国那里复制了政府形式，建立了大法庭和官僚等级。大和人在山顶上修建了保护自己的定居地和大型的墓穴，周围是壕沟围绕，以利于自身的防御。这些墓穴里满是盔甲、珍珠和武器，意味着大和君主巨大的权力与财富。

○ 输入的技术

从亚洲大陆来的居民给早期的日本带来了重要的技术，如青铜器与铁器的铸造，他们也带来了制造陶器的砂轮，这样日本人能够制造壶与罐这类的陶器，并且他们还引入了灌溉技术来种植水稻。

↗ 青铜铎

像这样的铎覆盖着装饰的图案以及人与动物简单的图案。它们是在弥生和大和文明时期制造的。与西方的钟不同，它们没有铃舌，因此必须敲打发声。

↗ 捕鲸

这幅画显示的是在巨涛中，日本渔民捕鲸的情形。日本东北部人们的主食是海洋鱼类，鲸是他们食物的重要来源。

→ 墓穴内的马

当弥生国王去世后，他的臣民在他墓穴的周围安葬成千个陶器，如这匹马。它们的本意是用来保护墓穴。

· 65 ·

■ 我的第一次探索

安第斯高山上的崇拜

在南美安第斯山脉地区，行走、建筑以及耕种都比较困难，好像是不适宜定居的地区。但是在公元前12世纪，一群人开始在这些贫瘠的地区修建城市与宗教建筑。

我们知道这些人是查文人，他们因主要聚居地在查文·德·万塔尔地区而得名。在他们最繁荣的时期，他们的定居地沿着海岸平原延伸很远。

在莫斯纳河的查文地区，他们修建了大型的带有曲折走廊与房间的庙宇综合性建筑。在这里，他们珍藏他们信奉神的画像，这些神通常是人类与动物——如美洲虎、鹰与蛇的结合体。考古学家们认为人们来到庙宇是为了向神询问未来的事情，而在密室内的巫师则通过由贝壳做成的喇叭进行回答。

查文人强盛了约500年，后来几个本地的文化侵入这一地区。华里人占领了查文人大部分领土，于是一个崇拜太阳的文明在玻利维亚的蒂亚瓦纳科地区兴起。

◎蒂亚瓦纳科

蒂亚瓦纳科文明兴起于的的喀喀湖附近，在这里他们修建了一座特别的城市。在湖边，蒂亚瓦纳科人抽干沼泽的水种植庄稼以养活城市居民。他们与华里人一起，控制了安第斯地区。

← 美洲虎文化

令人敬畏的神灵出现在所有的中美洲文化中。其中美洲虎被赋予特别神圣的含义。

← 动物形状的罐

蒂亚瓦纳科的制罐人是南美最精巧的。他们按照动物的形状制造了许多罐子。

↗ 庙宇的墙

在蒂亚瓦纳科，主要的建筑包括大的庙宇，其墙上用石头头像装饰。蒂亚瓦纳科可能也是重要的宗教中心，人口众多。

历史深追踪

奥尔梅克人巨石雕刻

> 从大约公元前1300年起就生活在墨西哥东海岸附近的奥尔梅克人，是中美洲最早文明化的民族。他们是技艺精湛的画家和雕塑家。

许多奥尔梅克雕塑都是娃娃脸，呈咆哮状，嘴向下弯曲着。这些奇怪的家伙也许是雨神。这些表现奥尔梅克统治者的巨大头像，是奥尔梅克最有特色的艺术形式之一。

他们为人们熟知是由于美洲虎。奥尔梅克人来自于墨西哥中部坎佩切湾的一个小地方。像南美的查文人一样，他们也崇拜半人半动物的太阳神。美洲虎是他们最喜爱也是最敬畏的神。

奥尔梅克人是更后的墨西哥文明——如玛雅与托尔特克文明——的祖先。像玛雅人和托尔特克人一样，奥尔梅克人砍伐热带森林种植玉米、南瓜、豆与西红柿。他们也在高山上修建庙宇，在石头上展示自己的信仰。

他们也是好战的人群，但是奥尔梅克人没有利用武力去建立一个大帝国，他们只是以武力保卫他们在中美

↗ **巨大的头像**
考古学家在许多奥尔梅克遗址发现了像这样的巨大的石头头像。它们大约1.5米高，是由一块石头雕刻而成的，它们可能是奥尔梅克统治者的头像。奥尔梅克雕塑者也使用珍贵的材料如翡翠来雕塑人头。

大事记

* 公元前1200~前900年，奥尔梅克人统治墨西哥中北部。
* 公元前850~前200年，查文·德·万塔尔文明达到顶峰。
* 公元前200年，许多小的独立的文明在安第斯山谷中发展起来。
* 公元500~1000年，华里和蒂亚瓦纳科文明时期。

■ 我的第一次探索

洲建立的广泛的贸易联系。贸易给他们带来了丰富的原材料，特别是像玄武岩、翡翠与黑曜石之类的矿石。奥尔梅克人的雕塑者使用这些原材料制造大块的雕刻头像以及装饰的浮雕来敬神。

玛雅人的轮回

在玛雅人的观念中，死并不是人生的终点，只不过是新旅程的开始。

在以千万年为单位的无尽循环的漫漫历史长河中，玛雅人认识到生与死都如同朝露般短暂。每隔52年，新的轮回开始，所有的建筑将被覆盖，重新建造。这种特别强烈的沧桑感是玛雅世界观的精髓。而他们的文明也在片刻辉煌之后湮没在中美洲的葱郁丛林之中。玛雅文明的突变式发展和突然消失至今仍是难以破解的谜题，这使得它成为最引人入胜的古代文明之一。

当19世纪，考古学家在墨西哥偶然发现高大的、用石头建成的金字塔形状的庙宇和大广场时，他们惊呆了。这些建筑属于古代墨西哥人的玛

安葬死去统治者的庙宇　　有阶梯的金字塔　　神殿
玩球的庭院　　神庙

↗ **玛雅城市**
玛雅城市的中心是高耸的金字塔形状的庙宇。在庙宇建筑群内包含了特别的庭院，用以进行玛雅人喜爱的游戏。

历史深追踪

泰可城
泰可城是玛雅文明中最大的一个城市。它的遗迹在现在危地马拉北部的热带雨林中。

祀神灵。

玛雅人于公元前2000年就生活在墨西哥，但是他们的城市在很久以后才变得强盛。公元300年后，是历史学家们所称的玛雅文明的古典时期，他们发展出有效的农耕技术，生产玉米、南瓜、豆以及根茎蔬菜以供养不断增长的城市人口。

古典时期，一些玛雅城市已经很大了，可容纳约5万人。他们居住在泥砖房屋中，绝大多数的房屋只有一到两个房间，家具很少，只有薄薄的芦苇垫子以供人们坐，还有厚一点的芦苇床垫。

玛雅主要的城市包括帕伦克、哥

雅文明。玛雅人建造了令人惊奇的城市。玛雅人是学者，发明了自己的书写体系，并精通数学与天文学。但是玛雅人也是一群好战的人，城市之间相互进攻，把罪犯和战俘当做祭品祭

○ 手工艺与技术

玛雅人是熟练的手工艺者。他们制造出精美的陶器、石头浮雕以及翡翠装饰。他们使用锋利的燧石进行石刻。一些燧石装饰十分精美，并被作为敬神的供品。

玛雅战士
玛雅战士戴着与众不同的头盔，手持木制的矛。玛雅人用植物纤维如棉纺织衣服，并使用植物制造颜色各异的染料。

历法石刻
玛雅人精通天文与数学，发明了历法。一种是像我们现在的日历，一年365天；另一种是一年200天，用于宗教仪式。

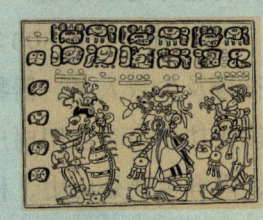

手卷
玛雅人发展了一系列用来写字的图案，称为象形文字。他们把这些文字雕刻在石板上，并写在用纸、布或者动物皮制成的手卷上。他们是最先发展出象形文字的美洲人。

我的第一次探索

邦、泰可以及奇琴伊察。每座城市的中心地区都有金字塔形状的庙宇建筑群。玛雅人不断地重修这些金字塔形状的庙宇，添加更多的土和石头，来使得它们变得更大更高。

玛雅文明的天文、数学达到了很高成就，通过长期观测天象，已经掌握日食周期和日、月、金星等运行规律。约在前古典期末期，玛雅人已经创制出太阳历和圣年历两种历法，前者一年13个月，每月20天，全年260天；后者一年18个月，每月20天，另加5天忌日，全年365天，每4年加闰1天。其精确度超过同代希腊、罗马所用历法。数学方面，玛雅人使用"0"的概念比欧洲人早800余年，计数使用二十进位制。玛雅文明的另一独特创造是象形文字体系，其文字以复杂的图形组成，一般刻在石建筑物如祭台、梯道、石柱等之上，刻、写需经长期训练。现已知字符约800多个，但除年代符号及少数人名、器物名外，多未释读成功。当时还用树皮纸和鹿皮写书，内容主要是历史、科学和仪典，至今尚无法释读。

玛雅文明延续了几百年的时间，但是由于内战不断，消耗掉了他们的大部分财富与力量。奇琴伊察约在1200年衰落，到16世纪，当西班牙人征服墨西哥时，只有一些小的玛雅城市还存在。

现代玛雅人遗民基本上都在务农，种植玉蜀黍、豆类和南瓜。他们聚居于一中心村周围的各个社区中。中心村有公共建筑和住屋，在多数情况下，这些房屋大部空着；有时也长期住人。社区居民除节日和集市外，都住在各自的农舍中。他们的（尤其是妇女的）服饰，大体上仍为传统形式；男性则较可能穿着现代的成衣。一度很普遍的家庭纺织业日趋式微，衣服大多是用工厂织的布料缝制。他们使用锄头耕地，遇到硬土时则改用铲子。犹卡坦人通常饲养猪和鸡，偶尔也养牛以为农耕之用。工业极少，手工艺品通常只供家庭之需。部分经济作物或当地特产经常销售到外地以换取现金购买本地没有的物品。

几乎所有的玛雅人都在名义上信仰天主教，但他们的基督教一般都带有当地宗教的色彩。其宇宙论是典型的玛雅形态，基督教的神圣人物通常与马雅神祇混为一谈。大众的宗教基本上是信仰基督的，也作弥撒和庆祝各个圣徒纪念日。前哥伦比亚时代的本土宗教仍受家庭的遵行。

改变世界的人类探险

GAIBIAN SHIJIE DE RENLEI TANXIAN

我的第一次探索

埃及人、腓尼基人和希腊人

> 自从古代以来，人们一直在探索着世界。早期人类所认识的世界，仅仅是陆地上人们足迹和视野所及的非常狭小的天地。在人类文明史上，记载着人类探险与认识世界的历程。

数千年前，人类最古老的文明诞生于中东地区。商人们为了控制当地所没有的东西的买卖，开始同遥远的城市进行贸易，从事黄金、香料和手工艺品的买卖。他们长途跋涉到其他国家的最便捷的方式，就是通过海路。商人们因为没有地图作为参照，因此只能自己寻找最佳路线。不过，他们很快就学会了利用风向和洋流来辅助航行，并且知道什么季节最适合出航。

古埃及人居住在尼罗河沿岸。他们拥有充足的食物和其他使用物品，因此商人们并不会走得太远。但是商

↗ 埃及港口
在埃及，用芦苇制成的浅底船只有一个帆，载着货物和乘客在尼罗河上航行。大约在公元前2700年以后，埃及人才开始制造木船，这些木船更加坚固并可以跨海至国外各地。

历史深追踪

人们还是想寻找新的市场，这就促使着他们到更远的地方去探险。于是，他们开始航行至地中海和红海地区。

公元前1490年，埃及女王哈特苏普苏特命令舰队到红海寻找新的领土。于是这支舰队就到了名叫蓬特的地方（即现在的索马里或者是更远的非洲东海岸）。海员们带回了蓬特人的礼物——象牙、乌木、香料和没药树。而其他探险则都是在北非内陆进行的。

腓尼基人大约是从公元前1400年开始到地中海去探险。腓尼基人居住在地中海东端也就是靠近今天黎巴嫩以南地区的一些城市里。他们是熟

↗ **腓尼基的船只**

腓尼基船只短而宽，并且很坚固。它们是用生长在腓尼基山坡上的雪松木制成的。由独桨、独帆驱动船只前进。

○ **地中海航行**

腓尼基人几乎没有什么可耕地，因此在公元前1400年的时候，那里的人们转而通过海洋谋生。他们成为出色的航海家，航行到很远的地方去寻找新的市场。他们在北非和西班牙建立了很多殖民地。同时，埃及和希腊人也开始在海上探险。

← **腓尼基商人**

腓尼基人在整个地中海地区买卖谷物、橄榄油、玻璃器皿、紫色布料、雪松木材及其他商品。他们更喜欢边走边卖。

↗ **骨螺壳**

腓尼基人贩卖的最珍贵的一种商品就是紫色布料。用于染布的染料来自于骨螺壳。6 000多个骨螺壳被粉碎后可制成450克染料。

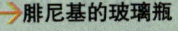

→ **腓尼基的玻璃瓶**

腓尼基人擅长制作玻璃制品，例如花瓶和珠宝。他们把沙子和纯碱混合成糊状，然后加上染料在高温下烧制。

· 73 ·

■ 我的第一次探索 ●●●●

练的航海家,不久就在整个地区建立了好几个富庶的贸易殖民地。有一支腓尼基舰队甚至代表埃及法老绕行非洲。公元前500年,汉诺从腓尼基在北非的一个城市——迦太基城出发,航行至今天的塞内加尔,航程达4 032千米。其他腓尼基商人曾到达过不列颠,在康沃尔购买过马口铁。

希腊人也曾在整个地中海地区建立过殖民地。腓尼基人是他们的强劲对手,因为腓尼基人垄断了海上贸易。公元前330年,一个名叫皮西亚斯的希腊探险者航行至不列颠,可能也想从事利润丰厚的马口铁贸易。

从欧洲到亚洲

在古代,欧亚之间没有太多的联系。在欧洲,腓尼基人和希腊人所建立的欣欣向荣的贸易帝国是以地中海为中心的。在东亚,中国人有自己的贸易中心。横在两大洲之间的是中亚的沙漠、高山及干旱的高原。

中国人以制作精美的丝织品而享有盛誉。很多不畏艰辛的商人沿着著名的丝绸之路进行长途贩卖,他们带回了从中国商人手里购买的大量蚕丝。据很多资料记载,早在公元前550年,就有中国的丝绸被贩卖到了古希腊的城市雅典。

200年以后,马其顿伟大的国王亚历山大入侵庞大的波斯帝国。波斯帝国的土地从欧洲一直延伸到中亚地区。许多学者和历史学家因此跟随亚历山大大帝来到中亚,他们开始在亚历山大征服的广阔地区内进行探险活动,并了解到了很多关于那里的实际情况。

亚历山大死后,他的帝国也跟着土崩瓦解了。但是在接下来的世纪里,欧亚之间的联系却得到了加强。罗马人控制了欧洲,帕提亚人统治了波斯,贵霜帝国在中亚占据了主导地位。公元前221年,中国在秦始皇的统治下首次成为一个统一的国家。这4个帝国控制着丝绸之路的沿线各地。在此后400多年的时间里,东西之间的贸易从未间断过。虽然没有什么罗马商人到达过中国,但是各种商

历史深追踪

由西到东

中国与欧洲之间的主要贸易路线就是著名的丝绸之路，得名于中国的丝绸被商人们沿着这条线路带回到欧洲。作为交换，中国得到了金银、棉花和各种水果及其他产品。

↗ 用来驮运的牲畜

驴子、马匹和双峰驼均用于丝绸之路。它们驮着商人及其物品前行。

↗ 亚历山大大帝

公元前336年，亚历山大成为马其顿的国王，当时他只有20岁。到他死之前的这13年时间里，他通过征服建立了一个地跨亚得里亚海至印度河口之间的大帝国。

↗ 丝绸之路示意图

丝绸之路的起点为中国当时的首都西安，向西经过中国的北部和中亚到达位于亚洲西南部底格里斯河沿岸的城市——泰西封，继续向西延伸至地中海。它不是单单的一条路线，而是由一系列的路线组成。通过这些路线，商人们可以避免遭劫。

■ 我的第一次探索

品却在这条丝绸之路上双向流动。穿越印度洋，印度人与埃及人进行着繁荣的海上贸易，再从那里转运到中国。

丝绸之路在联系亚洲各个不同的国家上也起到了重要作用。大约在公元100年，佛教僧侣将佛教从印度带到了中国。中国的探险者们到邻国去游历，这有助于增强这些国家之间的宗教和贸易联系。公元前138年，中国的政府官员张骞进入到中亚地区。公元399年，一个叫法显的中国和尚曾经到过印度和斯里兰卡。然而在公元400年，这些联系被削弱了。这是由于中国发生了混战，游牧民族入侵中原，横行于丝绸之路上。到公元450年，东西方之间的联系彻底被切断。

维京人的掳掠

> 似乎没有人知道维京人究竟来自何处。他们从挪威和丹麦出发，突然间成为令人生畏的一股势力，他们控制了从大西洋至黑海之间的广阔的北海地区，吓坏了那些曾与之交锋过的大陆国家。

在基督教僧侣所保存下来的记载中可以看到，维京人被描绘为无情的斗士，到处抢劫和杀戮当地居民，没有几个城镇能够成功地将这些凶残的入侵者赶走。

"维京"这个名字意即"来自小溪的人"，他们来自于北欧斯堪的纳维亚的海峡和低地地带。尽管维京人以残忍著称，但他们却是一个富有天赋的民族。他们擅长造船、航海，是杰出的工程师和手工艺者。他们的神话和传说源远流长，他们还制订出了这个民族赖以安身立命的公平法则。

大约在公元790年，几支维京人开始离开他们的故乡，驾驶着船只驶向远洋。没有人能够确切地说清他们这样做的原因。一些历史学家认为，是因为这个国家的人口过剩才促使那些不能从他们的父辈那里继承到什么财产的青年男子离开家乡，或是因为气候变冷而导致歉收，迫使人们去寻求新的食物来源。

历史深追踪

从挪威和丹麦来的维京人曾经渡过北海去袭击不列颠、爱尔兰和法国北部。他们冒险渡过北大西洋，到达爱尔兰、格陵兰岛和美洲东海岸。然而，来自瑞典的维京人主要是想与那些国家进行贸易而不是要征服他们。

在船的中央只安装一个桅杆

↗ 船舶制造

维京人的船是用当地的木材制成的。质地结实的橡木被用作龙骨和横梁，质地较轻的榉树木板和松树木板被用来制作船帮。

○ 维京人的生活

维京人共分为3个等级：奴隶，大部分工作都是由他们来做的；自由人和贵族，这两种人是统治者。贵族必须遵守由公共会议讨论制定的各项规章制度，公共会议是由当地的自由人召开的一种集会。但大约在1050年的时候，实力强大的各个国王统治了维京各地，公共会议逐渐变得不再重要了。

← 服饰

维京人的衣服是由直立式织机纺出来的羊毛或是亚麻材料制成的。妇女们穿长裙加短衫。男人的典型服饰则是穿长裤、衬衫、一件短衫，再外加一件外衣。

↗ 莱弗·埃里克松

居住在格陵兰地区的维京人听说在他们的西部有一块长满树木的平地。公元992年，莱弗·埃里克松开始向西寻找可能是巴芬岛的地方。然后他向南经过加拿大东部的拉布拉多和纽芬兰，来到一个叫文兰的地方，意思是"长葡萄的土地"，因为他在此发现了很多灌木丛和野生的浆果。

↗ 如尼字母

维京人在如尼字母的基础上创造了一种字母体系，即如尼文，这些字母通常被刻在木头或是石块上。日历、账目甚至是求爱信息都刻在如尼文里。

■ 我的第一次探索

他们向东航行,渡过波罗的海,顺着俄罗斯境内的各条河流顺流而下,直至黑海和地中海,甚至到达了位于现在伊拉克境内底格里斯河附近的巴格达城。

起初,维京人掳掠他们所经之地的土地并带回了战利品,但是他们最终在诸如爱尔兰的都柏林和乌克兰的基辅等地建立了贸易站点。不久他们便开始与当地人通婚并定居下来,一些人皈依了基督教。就这样,维京人掳掠的时代结束了。

波利尼西亚人航海记

波利尼西亚人没有地球是一个球体的概念,更不知道经度和纬度,也没有航海图和指南针。他们也不需要这些东西。他们所掌握的知识能告诉他们,如何找到以下三个最重要问题的正确答案:船现在在哪?要到什么地方去?怎样可以发现陆地?

浩瀚的太平洋上,星星点点散布着许许多多的岛屿。它们被分成三大岛群,即密克罗尼西亚、美拉尼西亚和波利尼西亚。其中波利尼西亚群岛范围最大,它北起夏威夷群岛,南至新西兰,东至复活节岛,占据着太平洋中部辽阔的海域。仿佛在太平洋上画出的一个大三角。当探险家第一次发现波利尼西亚群岛时,他们非常惊讶地发现这里已有人居住了,这就是现在的波利尼西亚人。

直到大约3 000年前,南太平洋诸岛上才开始有人居住。波利尼西亚

大事记

* 公元前1000年,波利尼西亚人开始在汤加和萨摩亚定居。
* 公元前150年,殖民者离开萨摩亚去往马克萨斯群岛。
* 公元400年,波利尼西亚人到达东部的复活节岛和北部的夏威夷群岛。
* 1000年,毛利人定居于新西兰。
* 1000~1600年,巨型雕像在复活节岛建成。
* 1947年,托尔·海尔达尔的"康提基"号远征队从秘鲁向南太平洋进发。

●●●●● 历史深追踪

巨大的雕像
1000~1600 年，复活节岛上的居民在岛上共树立了 600 个这样的巨大雕像。没有人知道这些雕像究竟代表着什么，也不知道这些岛民是如何成功地将这些巨型雕像搬运到这里并树立起来的。

2000年后，波利尼西亚人逐渐地扩散到整个南太平洋的广大地区。他们向北航行到夏威夷，向东航行至复活节岛，最终向南到达了新西兰。他们或许是历史上最伟大的探险家和航海家，当16世纪欧洲人首次到达这个地区时，他们十分惊讶。欧洲人几乎不敢相信，他们认为非常"野蛮"的民族竟然拥有如此发达的技术。

虽然在广阔的太平洋上散布着很多岛屿，但是它们只占这个地区总面积的很小的一部分，而且这些岛屿之间相距数百千米。尽管波利尼西亚人首先来到这里定居，但是我们对他们的情况知之甚少。历史学家们认为，他们最初来自于亚洲或是美洲。

没有任何地图和其他现代的航海装备，但是他们还是凭借着坚固的小船成功地在整个太平洋地区探险。他们跟随迁徙的鸟群、通过观察风向和波型的变化等方式发现了各个岛屿，直至最后几乎每个岛上都有人居住为止。

波利尼西亚人利用太阳、月亮、星星的方位作为航海的辅

波利尼西亚人的船
波利尼西亚人的独木舟长达 30 米。它们是由两个或是一个船壳以及一根舷外斜木组成的。船帆是用椰子树叶紧密地缝合在一起制成的。

· 79 ·

■ 我的第一次探索 ●●●●

助手段，并逐渐积累起了很多知识，例如每个岛屿的方位、它们是如何被发现的以及将来又如何能够再次找到它们等等。他们赋予每个岛屿以最高星辰，海员们知道，当这颗星星直接照在他们的船上的时候，他们就与该岛处于同一纬度。利用太阳的方位，他们就可以向东或是向西航行直达陆地。例如，天狼星是塔希提岛的最高星辰。

所有这些信息都被一代一代地传承下来，他们用椰子纤维拧成的绳子绑上棕榈枝制成了航海图。棕榈枝的架构代表着里程，绑在这些枝上的椰子壳指示着这些岛屿所处的方位。波利尼西亚人凭借着这些简单而实用的航海图在辽阔无际的大海上准确地航行。他们把殖民者和补给品带到了这些新发现的岛屿上，把鱼和其他物品带了回去。

◎ 亚洲人还是美洲人？

一些历史学家认为，尽管波利尼西亚人最初来自于东南亚，但波利尼西亚文化与秘鲁文化却有很多相似之处。来自挪威的现代探险家托尔·海尔达尔用行动证明，波利尼西亚人可能来自于南美洲。他做了一只像早期殖民者所用的那样的木筏，从秘鲁航行到了太平洋岛屿。

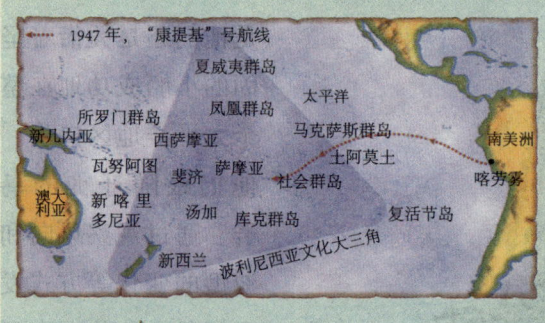

← 托尔·海尔达尔的远航
1947年，"康提基"号从秘鲁出发。它利用风向和洋流向西航行。在航行了101天，共计走了6 900千米之后，托尔·海尔达尔来到了南太平洋上的土阿莫土群岛。

← "康提基"号
托尔·海尔达尔的木筏根据秘鲁的太阳神而取名为"康提基"号。这个木筏长13.7米，宽5.5米，用轻木以及竹子做成。

历史深追踪

葡萄牙，大航海时代急先锋

从15世纪到17世纪欧洲的船队出现在世界各处的海洋上，寻找着新的贸易路线和贸易伙伴。葡萄牙是大航海时期第一个发起了大规模航海探险活动的国家。

葡萄牙位于西欧一隅，濒临大西洋。葡萄牙人依靠海洋来维持生计。传统上，他们靠着打鱼和沿大西洋向北与法国和英国进行贸易为生。但是到了15世纪，他们把注意力转向了南方——非洲。

葡萄牙人去非洲探险主要有两个原因。目标之一是使摩尔人皈依基督教，另外一个目标是，他们还想寻找到黄金和其他财富。为了达到这两个目的，他们需要有比在近海岸航行所用的敞舱船更好的船只。于是，他们发明了能够抵抗海上大风大浪的轻快帆船。

轻快帆船使葡萄牙人的冒险事业的目的地一次比一次远。但是，远征基本上都是沿着非洲海岸进行的，他们在岸边竖起一块刻有基督教十字架的石柱来表明他们的功绩。到1441年，他们已到达了位于现在毛里塔尼亚境内的白角。到1475年，他们绕过西非并沿着黄金海岸（加纳）和喀麦隆的海岸线航行。

到此时为止，葡萄牙人向南航行还另有原因。1453年，奥斯曼土耳其人已经占领了基督教城市君士坦丁堡，并封锁了通往中国去的丝绸之路。君士坦丁堡是亚洲的门户，

↗ 轻快帆船

小巧而坚固的轻快帆船的发明，使葡萄牙人能够远离海岸附近的水域，从而可以进入公海进行探险。一艘轻快帆船大约有20米长，一次能搭载25人。

■ 我的第一次探索

陆路不通后，欧洲人必须寻找新的航路才能获得东方财富。1482年，迪亚哥·考是第一个穿过赤道的欧洲人。在1485~1486年的第二次航行中，他向南航行至纳米比亚沙漠。他认为，非洲海岸是没有尽头的，并不存在绕行非洲到达亚洲的航线。但是1487~1488年，当巴托洛梅乌·迪亚士从风暴频仍的好望角进入到印度洋时，证明了迪亚哥·考是错误的。迪亚士是第一个进入这一水域的葡萄牙探险者。虽然他还想继续探险，但他那些已经精疲力竭的船员迫使他不得不返航。10年后，瓦斯科·达·伽马实现了葡萄牙人的这一梦想。他带领一支由4条船组成的舰队绕过非洲好望角，航行过东海岸之后，向印度洋进发。1498年5月，他到达了印度南部。至此，一条通往亚洲的一条新航线开辟了。

○ 航海

第一批水手沿着海岸从一个里程碑航行到另一个里程碑。不过他们一旦远离陆地，就不能如此了！葡萄牙的水手们学着利用太阳和星星的方位来测算他们所到之处的位置。在指南针、星盘、象限仪、沙漏以及夜间测时仪的帮助下，他们可以越来越准确地航行很远的距离。

← 夜间测时仪
根据太阳方位报时的老方法，在夜间是不起作用的，16世纪50年代发明的夜间测时仪解决了这一问题。利用与北极星并排的两颗星星进行测量，可以在10分钟内报出时间。

← "航海家"亨利王子
亨利王子（1394~1460年）是葡萄牙国王亨利一世的儿子。他对大海非常感兴趣，并且赞助过许多次远洋探险。他创建了一所专门教授航海、天文学以及制图技术的学校来培养船长和舵手。

← 沙漏
水手们用沙漏来报时。沙漏里边的沙子需要30分钟的时间到达沙漏的底部，然后再将它倒转过来。为了测算船的行进速度，他们就在船的旁边系上一根打了结的绳子浮在水上，然后由此计算出水流经过每个绳结的时间。

历史深追踪

新的地方和新的英雄

几个世纪以来,欧洲人一直认为,世界上只有3个大洲——欧洲、非洲和亚洲。他们认为,世界的其余部分都为海洋所覆盖。

通往亚洲的传统路线过去一直是沿着丝绸之路穿行大陆。15世纪,葡萄牙人发现了一条到达那里的海路,绕过非洲海岸,向东向南航行。那时一个名叫克里斯托弗·哥伦布的意大利人提出,通过向西航行穿过浩瀚的大西洋,最终有可能到达亚洲。

哥伦布把一生都献给了寻找通往遍地黄金的亚洲的海路事业上。起初,人们认为这是个愚蠢之举,因而哥伦布得不到任何资助。但是1492年,西班牙女王伊莎贝拉同意赞助他代表西班牙进行远航。1492年8月,他带领3条船起航。36天后,他们在现在的巴哈马群岛登陆。之后继续向东南航行,他在1493年3月成功返航

大事记

* 1492~1493年,哥伦布到西印度群岛进行第一次远航,并发现了巴哈马、古巴和西班牙岛。
* 1493~1496年,他在第二次远航中游遍了整个西印度群岛,并在西班牙岛上建立了几个定居点,还在牙买加进行探险。
* 1498~1500年,在第三次远航中,他在特立尼达与南美洲之间航行,这是欧洲人第一次在南美洲登陆。
* 1502~1504年,在第四次远航中,他沿着中美洲的海岸航行。

↗ "圣玛利亚"号

哥伦布的旗舰叫做"圣玛利亚"号,这是一艘有着三个桅杆和一面方形帆组成的载货船,能够容纳40个人。另外两艘小一点的船分别叫"尼娜"号和"品塔"号。

■ 我的第一次探索 ●●●●

之前还经过了古巴和伊斯帕尼奥拉岛（即今天的海地）。

哥伦布认为，他已经发现了通往亚洲的新航线。虽然他对新大陆并不是黄金遍地而备感失望，但是在有生之年他一直对他在第一次航行的发现确信不疑，并多次远征。

哥伦布曾经4次向西穿越大西洋航行，他在所经过的岛屿上建立了多个西班牙殖民地，并宣称那里是西班牙的领地。直到1506年他去世时为止，他仍然相信他曾经到过印度，尽管他没能发现证据。因为他向西航行，他所遇见的那些新岛屿现在被称为"西印度群岛"。不过，没有几个人接受他的看法。1502年，亚美利哥·韦斯普奇从沿着南美东海岸的航行中回到了欧洲。他确信，这些岛屿并不属于亚洲，而是属于欧洲人所不知道的那个大洲的一部分。他称之为"姆恩杜斯·诺乌斯新大陆"。1507年，德国的地理学家马丁·瓦尔德泽米勒把新大陆重新命名为美洲，正是为了纪念亚美利哥·韦斯普奇。事实上哥伦布所发现的东西要远远比通往亚洲的航线更为重要。在他偶然发现了美洲大陆之后的不长时间，美洲和欧洲的历史被完全改写了。

○ **新大陆**

哥伦布所访问的大陆令他很失望，因为他没有发现传说中那些带有城墙的城市、传奇般富庶的中国以及期待已久的日本。然而，他依旧坚信，他已经航行到了亚洲，并且他始终未意识到他所发现的大陆乃是欧洲人以前并不知晓的另外一个大洲。

← **烟草**

在古巴，哥伦布看到阿拉瓦克人把烟草的干叶子卷成一个管状的东西，然后用火点着来吸食。吸烟很快就成为全欧洲人的一个时髦的消遣。图中的烟草叶正在棚里等待晾干。

→ **美洲土著**

居住在西印度群岛上的阿拉瓦克人以水果和浆果为生。他们住在用棕榈枝叶建成的房子里。大多数人平时什么衣服也不穿，只在一些典礼上穿衣服。

→ **费迪南德和伊莎贝拉**

1469年，当阿拉贡的费迪南德和卡斯蒂利亚的伊莎贝拉结婚时，自罗马帝国以来，西班牙首次成为一个统一的国家。伊莎贝拉赞助了哥伦布的首次航行。

历史深追踪

"康魁维斯特德"征服

> 对美洲来说,哥伦布的发现意味着征服的开始,它所带来的恶果是疯狂的殖民掠夺。

在哥伦布那次具有历史性意义的航行之后的几年里,一批西班牙探险者相继在中南美洲登陆。他们是为了寻宝而来。

瓦斯科·德·巴尔博亚(1475~1517年)就是其中的一位探险者。他是一位住在伊斯帕尼奥拉岛(海地)的殖民者,为了逃债,也为了寻找黄金,1513年9月,他来到这个岛。27天后他向西航行穿越大海,成为第一个看到太平洋东海岸的欧洲人。

1518年11月,又一支远征队离开古巴圣地亚哥的西班牙殖民地驶往墨西哥。此前的几支远征队曾经报告说,那里有高大的庙宇和大量黄金。11艘船载着780个人,由曾经到过西印度群岛寻宝的西班牙律师赫尔南·科尔特斯率领。科尔特斯沿着墨西哥海岸线航行了数月,他们袭击当地城镇,由此获得了很多财物和知识,然后进入特诺奇蒂特兰的首府阿兹特克。

虽然阿兹特克人是一个多才多艺的民族,但是他们却不能与西班牙人匹敌。阿兹特克人没有火药,美洲

↗ 攻占特诺奇蒂特兰城
阿兹特克的首都拥有人口20万,比西班牙任何城市的人口都多,然而,科尔特斯和他的400个士兵利用权谋和欺诈便占领了该城。

↗ 献祭刀
阿兹特克人是技艺精湛的手工艺人。他们用镶嵌有宝石和许多贝壳以及绿松石的木头做成了带有手柄的献祭刀。他们把它作为礼物送给了赫尔南·科尔特斯。

■ 我的第一次探索

人对于马匹也一无所知。科尔特斯在获得了与阿兹特克人为敌的人的帮助后，进入阿兹特克城并俘虏了它的统治者蒙特祖玛。1521年8月，科尔特斯仅仅用四五百人就攻克了特诺奇蒂特兰城。伟大的阿兹特克帝国由此变成了新兴的西班牙的一个行省。

不久谣言便在当时南美洲的另一个富庶的帝国——印加帝国——内传播开来。1530年，弗朗西斯·皮萨罗只用168个士兵便征服了这个富庶的帝国。皮萨罗所发现的印加帝国因为内战以及瘟疫（可能是天花）而被削弱，西班牙士兵又一次征服了他们的敌人。到1532年为止，庞大的印加帝国被打败，它所储备的大量黄金和白银处于西班牙人的控制之下。

科尔特斯、皮萨罗及其他冒险家都是"康魁维斯特德"，亦即西班牙的征服者。"康魁维斯特德"不仅野蛮，而且通常也不诚实。他们到处搜刮财富并说服他们所遇到的每个人都要皈依基督教。他们的征服纵深于整个中南美洲，从墨西哥到智利。在哥伦布完成远征之后的50年内，美洲已沦为欧洲人的殖民地。

○印加人

印加人是来自秘鲁的一个山地部落。在欧洲人到来前的300年的时间里，他们控制了整个安第斯山脉地区。到1500年为止，他们的帝国领土跨度超过4 000千米。虽然他们还没有使用带有轮子的运输工具，但他们却建造了巨大的公路网络和数座巨大的石城。他们似乎没有文字，所以他们不会读也不会写。尽管如此，他们的文明程度仍可堪与欧洲的任何一个地区相媲美。印加人最终被皮萨罗的小部队所征服。

←奇普

奇普上保留了大量有关税收、人口数字及其他统计数字的资料。一个奇普实际上就是一系列长短不同、颜色各异的绳结。每个绳子的长度、颜色、存放的位置以及结绳的方式，都代表着不同的信息。

→金质美洲驼

美洲驼因为它们的肉可以食用，驼毛也可供使用，并且还能够作为运输工具用来驮运东西，所以备受珍惜。印加人把它们用黄金铸成塑像，以表明它们的重要性。

历史深追踪

环游世界

继到达东方的新航路和"新大陆"的发现之后,欧洲人有了更大胆的设想——环游世界。

欧洲人着迷于"亚洲遍地是宝"的传说。游历者和商人谈论着印度、中国和日本的财宝以及这些国家海岸线上分布着的富饶的香料群岛。于是整个16世纪,航海者们从事着史诗般的航行去寻找能够获取这些财富的新航线。

在葡萄牙人远航到印度以及哥伦布发现美洲之后,西班牙和葡萄牙于1494年签署了《托得西拉斯条约》。其中规定将来两国共同瓜分未发现的

○私掠船和海盗船

满载财宝驶往西班牙的宝船,很快就被西班牙的主要敌人——英国和法国的船只盯上。战争期间,两国默许它们的船只(私掠船)攻击西班牙的船只来获取战利品。然而,私掠船在和平时期也经常出击。非法的海盗船也加入到这个行列中来。西班牙便认为,每个攻击它船只的人都是海盗。

→ 海盗
逃跑的奴隶和罪犯往往成为海盗。当船员们遭到海盗船的攻击时,他们经常加入海盗的行列,希望分得财富。

↗ "金雌鹿"号
弗兰西斯·德雷克的旗舰"金雌鹿"号,开始叫"鹈鹕"号。它有三根桅杆,是这支舰队中最大的一条船。

↗ 达布隆
西班牙人在美洲采掘宝贵的金银。他们把其中的一些铸成金币运回西班牙。其中由黄金铸成的金币叫达布隆。

■ 我的第一次探索

大陆。他们在地图上划了一条经线，同意这条线以西属于西班牙，这条线以东的一切均属于葡萄牙。就这样，南美洲被这条线一分为二。

正像哥伦布曾经尝试过的那样，西班牙探险者们仍旧想发现向西通往亚洲的新航线。哥伦布在向西航行的过程中发现了美洲，尽管他认为那就是亚洲。他的继任者们不得不再去发现一条能够绕过美洲的路线，以便能够到达亚洲。1519年，费尔南多·麦哲伦带着5条船和260名船员从西班牙出发，去寻找通往富饶的香料群岛（即现在印度尼西亚的摩鹿加群岛）的路线。1520年，他穿过位于南美洲南端的海峡而进入太平洋，继续向西北航行，并于1521年到达了菲律宾群岛。

麦哲伦从未到达过香料群岛，因为他在发生于1521年4月的当地的一场冲突中丧生。但是其中的一艘船还是设法到达了那里。"维多利亚"号由胡安·塞瓦斯蒂安·德·埃尔卡诺率领。当这些船员到达香料群岛后，满载着香料穿越印度洋返航。

在寻找通往香料群岛的西行过程中，麦哲伦及其海员在不经意间成了进行海上环游世界的第一批人。其他人也接踵而至。弗兰西斯·德雷克（1543~1596年）是英国的一位远洋航海家和海盗，曾经成功地袭击过西班牙船只。1577年，他的船队驶向太平洋，当他经过西班牙的船只时就洗劫他们的财宝和黄金。在香料群岛，他的船队购买了6吨贵重的丁香。当他返回英国时，这些财物的价值相当于现在的1亿英镑。

进入加拿大

现代人走进加拿大的时间比美洲其他地方都要晚，大约在1494年，有一位名叫约翰·凯彼特的商人来到英国。他也想像哥伦布那样，向西航行穿越大西洋去寻找通往东亚的香料群岛的航线。

约翰·凯彼特建议沿着更高的纬度航行，认为这样可以缩短航程。凯彼特需要找人赞助他的航行，在遭到西班牙和葡萄牙两国的拒绝后，他向

历史深追踪

用于战略用途的瞭望平台

用于快速射击的大炮

横跨圣劳伦斯河的桥梁

↗ **魁北克木制城堡**

1608年，当尚普兰到达加拿大时，他在一座小山上建造了一个木制的城堡，从这里瞭望圣劳伦斯河。当地的美洲人称该地为柯白克，也就是今天著名的魁北克城。

英国国王亨利七世说了他的想法。亨利曾经拒绝过赞助哥伦布，但此时，他已经知道新世界的富庶，便支持凯彼特以便能够从任何的新发现中获利。

1497年5月，凯彼特从布里斯托登上"马修"号出海。一个月后，他们在加拿大东海岸的纽芬兰登陆，他宣称该地属于英国所有。尽管他没有发现亚洲，也没有找到财富，但是他发现了尚未被西班牙占据的富庶的渔场和土地。

法国也开始对这些新陆地进行探险。1534年，雅克·卡提尔（1491~1557年）从圣马洛起航。像凯彼特一样，他也努力寻找向北到达亚洲的新航线。他绕航到圣劳伦斯河河口，并于次年逆流而上到达了现在的蒙特利尔。他们与住在休伦的印第安人建立了良好的关系，休伦人告诉他关于西边距离圣劳伦斯较远的萨格内王国的富庶。1541年，卡提尔打算寻找萨格内王国。但是他并没有找

· 89 ·

■ 我的第一次探索 ●●●●

到，因为萨格内王国是一个虚构出来的地方。休伦人编造出关于令人神往的、充满财宝的国度来让他们的法国客人高兴！

毛皮商人和渔民沿着卡提尔的路线到达了圣劳伦斯。但是直到下个世纪，法国人才放弃寻找通往亚洲的新航线并开始在加拿大定居。塞缪尔·德·尚普兰（1567~1635年）在北美东海岸探险并向内陆航行至大湖区。1608年，他发现了魁北克，在此建立法国人在北美的第一块永久性殖民地。这个大陆正在向欧洲的殖民者敞开胸怀。

○土著美洲人

许多美洲土著部落居住在圣劳伦斯河流域的树林里和平原上。16世纪早期，5个主要的部落——摩和克、奥奈达、奥农达加、瑟内萨和卡尤加——组成了易洛魁联盟来抵御该地区其他有实力的部落。

← 休伦人
休伦人欢迎法国人来到北美，与他们进行毛皮及其他贸易，另外还给他们当向导和参赞。他们还在法国人的帮助下与易洛魁联盟作战。

← 战争
不同的部落之间经常发生残酷的战争。勇敢者在战斗所中获得的最重要的战利品就是对方的头皮。头皮连同头发一起被剥下来，悬挂在木架上炫耀。

← 毛皮贸易
加拿大的河流与森林中生活着很多野生动物，为人们提供穿的毛皮和可供食用的食物。欧洲人猎杀动物获取毛皮，尤其是海豹、旱獭和海狸的毛皮。

历史深追踪

向美洲进军

在哥伦布登上西印度群岛的200年后，欧洲人对于西印度群岛以北广袤的美洲大陆的知识仍然少得可怜。

西班牙人在佛罗里达和墨西哥湾探险，英国人在东海岸建立了一些殖民地，法国人则沿着圣劳伦斯河逆流而上，并在加拿大进行殖民。但是位于两者之间的广袤的土地仍然处于神秘状态。

1541年，西班牙的赫尔南多·德·索托开始在佛罗里达探险，并成为第一个着眼于密西西比河南岸广大区域的欧洲人。不幸的是，他不久就去

→ 杰斐逊
1803年，美国总统托马斯·杰斐逊从法国手中购得路易斯安那，路易斯安那比当时美国领土的两倍还要多。

世了，西班牙人没有能够继续探险。一个多世纪以后，在密西西比河以北的几百千米处，路易斯·朱略特

↗ 冲过急流
刘易斯和克拉克利用小船在危险重重的密苏里河、哥伦比亚河和黄石河上航行。

我的第一次探索

○ 新大陆

西班牙人是第一批从他们位于墨西哥的帝国出发往北到北美洲去探险的欧洲人。当赫尔南多·德·索托（1500~1542年）于1541年成为第一个看见密西西比河的欧洲人的时候，潘弗洛·德·纳瓦埃斯（1470~1528年）正在墨西哥湾探险。他们是最早向这个辽阔的新大陆进发的人。

↘ 卡伯萨·德·巴卡

阿尔瓦·努涅斯·卡伯萨·德·巴卡（1490~1556年）与纳瓦埃斯一起在墨西哥湾航行。1528年，虽然这支舰队在得克萨斯失事，但是卡伯萨·德·巴卡却被雅基族部落的人救起。德·巴卡跟他们在一起生活了5年后，他开始徒步走过得克萨斯，渡过大河进入墨西哥，于1536年安全到达墨西哥城。

← 密西西比河

汹涌的密西西比河从北美向南注入墨西哥湾。朱略特和玛库特所发现的密西西比河北部河段使美洲进一步向欧洲的探险者和殖民者开放。

（1645~1700年）和法国的耶稣会传教士雅克·玛库特（1637~1675年）发现了一条由密西西比河通往大湖区的航线。他们在这条河上向南探险，直至阿肯色。另一个法国人罗伯特·德·拉萨勒（1643~1687年）成为第一个顺着密西西比河而下直至位于墨西哥湾的河口的欧洲人。他宣布密西西比河流域的土地归法国所有，并以法王路易十四的名字将之命名为"路易斯安那"。

一个多世纪以后，欧洲人在北美的影响发生了巨大变化。尽管西班牙人仍旧控制着佛罗里达和墨西哥，但是英国人已经取代了法国在加拿大的统治。最为重要的是，英国殖民者起来反抗他们的母国并建立一个从大西洋沿岸至密西西比河东岸的独立的国家——美国。西部——路易斯安那——仍旧属于法国，但是1803年，法国将其卖给了美国。

美国总统托马斯·杰斐逊想发现比他所购买的更为广阔的土地。1804年，他派了两个人去探险。分别是他的私人秘书梅里韦瑟·刘易斯（1774~1809年）和前陆军军官威廉·克拉克（1770~1838年）。通过两年的探险，他们从圣路易斯沿着密西西比河逆流而上,翻过落基山脉,沿着哥伦比亚河直至太平洋沿岸,然后他们渡过黄石河返回圣路易斯。

探险的成功使美国政府相信,路易斯安那适于居住。在一代人的时间之内,殖民者渡过密西西比河,涌向大平原和太平洋沿岸开始新的生活。美国横跨美洲大陆的扩张开始了。

发现"南方大陆"

发现美洲新大陆之后,欧洲人并没有停下航行的步伐,他们希望能寻找到更大更多的"新大陆"。而他们也真的找到了。

自从古希腊时代以来,欧洲人一直认为在世界的另一边还有大陆的存在。他们推断,因为在北半球有一个亚欧大陆,那么在南半球必定存在着一个和它相似的大陆来使这个世界得以平衡。唯一的问题就是目前尚没有人成功地发现这个南部大陆究竟位于何处。

受雇于东印度公司这一贸易组织的许多海员,在他们的航行中偶然遇到了一块尚未被发现的陆地。1605年,威廉·詹茨(1570~1629年)从新几内亚出发向南航行,发现了澳大利亚的北端。1615年,德克·哈托(1580~1630年)到印度尼西亚游历,向东航行了很远的距离并在澳大利亚西部登陆。他们报告说,这个新大陆实在是贫穷而不值

↗ 荷兰东印度公司贸易港

1602年,荷兰在东印度群岛设立公司管理贸易活动。他们在印度建立了很多像本图所示的贸易港,很快控制了当地的香料贸易。

■ 我的第一次探索 ●●●●

得考虑，因此荷兰东印度公司并未采取进一步的行动，因为它只对贸易感兴趣而无心于探险活动。

1642年，东印度公司改变策略，开始寻找"隐姓埋名的澳大利亚大陆"或叫"未发现的南部陆地"。1642~1643年，艾贝尔·塔斯曼（1603~1659年）绕着印度洋和太平洋环游了一大圈，而没有发现一块南部土地，尽管他发现了后来以其名字命名的塔斯马尼亚岛和新西兰。1643~1644年，他在詹茨和哈托曾经发现过的澳大利亚海岸线探险。塔斯曼认为，通往新几内亚南部的陆地并不是南部大陆的一部分，但是他并没有发现它是否与新几内亚相连或者它是否是一个岛屿。令人十分惊奇的是，路易斯·托雷斯（约1570~1613年）早已经证实，新几内亚就是一个岛屿。1607年，他通过现在以他的名字命名的海峡环游新几内亚，证明它是一个岛屿。因此，通往南方澳大利亚的陆地并非与之相连。然而，塔斯曼并未意识到这一发现的重要性，因此关于南部大陆以及上述未命名的大陆之谜尚未解开。

◎ 南太平洋

尽管麦哲伦和德雷克曾经穿越太平洋，但他们的航线在这些群岛的北面。在接下来的几个世纪中，这些岛屿渐渐被欧洲人发现：阿尔瓦罗·德·曼达那（1541~1595年）到达图瓦卢和所罗门群岛；彼得·奎罗斯（1565~1614年）到达瓦努阿图；塔斯曼看到了斐济和汤加；路易斯·布干维尔（1729~1811年）绘制了这一地区的地图，但是他并没有到达过东澳大利亚，因为大堡礁挡住了他的去路。

← **所罗门群岛**
欧洲人在南太平洋上发现的第一个群岛便是新几内亚旁边的所罗门群岛，新几内亚是由曼达那于1568年发现的。在随后20多年的时间里，这里的其他岛屿也慢慢地被到访的欧洲人探索和绘成地图。

→ **大堡礁**
绵延200千米长的大堡礁位于澳大利亚东北部海岸。它由数百万微小的海洋动物的遗骨组成，并且是无数水生动物的家园。它挡住了布干维尔以及其他探险者登陆澳大利亚的去路。

历史深追踪

库克船长的旅行

到18世纪为止，欧洲人尚不清楚位于南半球的那块神秘陆地——"隐姓埋名的澳大利亚大陆"——的形状和大小，他们甚至不能确信这块神秘的新大陆是否真的存在。

18世纪，英国人已经取代了荷兰人而成为世界上主要的贸易国，他们的皇家海军几乎统治着世界上所有的大海。1768年，英国海军向南部海域派遣了一支远征队去寻找南方大陆。

↗ 岛屿湾

库克在向新西兰航行前进的过程中访问过许多优良海港。图中所显示的岛屿湾位于新西兰的北岛。

大事记

* 1567~1569年，曼达那发现所罗门群岛。
* 1602年，荷兰东印度公司成立。
* 1605年，威廉·詹茨在昆士兰探险。
* 1615年，德克·哈托发现西澳大利亚。
* 1642~1643年，塔斯曼发现塔斯马尼亚并看到了新西兰及新几内亚。
* 1643~1644年，塔斯曼绘制了澳大利亚北部海岸的地图。
* 1766~1769年，路易斯·布干维尔周游世界。

詹姆斯·库克是率领这支远征队的理想人选——他是一位航海专家和经验丰富的水手，曾经在商船上度过了10多年的时间。

1768年8月，库克从英国的普利茅茨出发。1769年4月，他到达了塔希提岛，在那里他和他的船员被那里的温暖气候和美丽的动植物所深深吸引。然后他向西南行进到新西兰，新西兰西海岸曾经被塔斯曼发现过。库克在这里做了一个"8"字形的航行之后，发现新西兰是由两个岛屿组成

我的第一次探索

↗ "奋进"号
库克船长选择了经过改建的运煤船"奋进"号周游世界。这艘船虽然行驶缓慢,但却坚固、宽敞,还能够容纳下94个人及其给养。

而并非一个岛屿。库克继续向西航行并在现在称之为博塔尼湾的地方登陆,在澳大利亚,他宣称该地为英国所有。然后他沿着海岸线向北航行直至大堡礁,因"奋进"号撞礁搁浅而不得不进行修缮。之后穿过托雷斯海峡,经由印度洋和大西洋返回英国。库克后来向南方海域又做了两次更远的航

◎ 南方海域

库克对所到之处陌生而奇异的景色感到震惊。他发现了许多欧洲人前所未闻的动物和植物,并遇见了许多不同的人。波利尼西亚人大体说来还是很友善的,但是住在新西兰的毛利人则不太平和。

← 袋鼠
库克的船员是第一批看到袋鼠的欧洲人,但他们却不知道它到底是什么动物。最后,他们认为它是"某种鹿"。

↙ 毛利人的独木舟
毛利人是技术熟练的水手。当库克船长到达新西兰时,他们用装饰复杂、刻有各种花纹并能容纳100个将士的独木舟来欢迎他。

→ 金银花
悉尼·帕金森是这次航行中的一个绘图员。他在途中采摘了许多种奇异的植物,金银花就是其中的一种。

行。他第二次远航是在1772~1775年向着南极前进，因为他认为南方大陆就在那里。他的最后一次远航是在1776~1779年，向北航行去寻找进入北冰洋的入口。

库克最后惨死于夏威夷海滩上发生的一场混战。但是在他的三次远航中，库克最终证实，澳大利亚和新西兰是两个分开的岛屿，并且也不是南方大陆的一部分。当后来在南极附近发现大陆时，南极洲就被认为是真正"隐姓埋名的澳大利亚大陆"。

库克从南部海域带回来的有关科学、植物报告和航海信息同等重要，他使探险开始从单纯冒险转变为科学发现。

穿越澳大利亚

继库克在博塔尼湾登陆之后，欧洲人开始在澳大利亚定居。但是90年后，他们对这个新的国家仍旧知之甚少。

第一批移民澳大利亚的是从英国派出到福特·杰克逊即今天的悉尼去服刑的罪犯。此后不久便有农民加入到这一行列中来，到陌生的地方以开始新的生活。因为每个人都占有很多土地，因此他们很少有人离开海岸到内陆去冒险。

一些勇敢的探险者却沿着海岸线或是河谷进行深入考察。1828年，查尔斯·斯德特（1795~1869年）发现了达令河，然后沿着默里河到达了大海。1844年，向默里内陆前进。1840~1841年，爱德华·埃尔（1815~1901年）从阿德莱德城出发，沿着南部海岸步行，发现了一条通往澳大利亚西部爱伯尼殖民地的路线。但直到19世纪50年代末期为止，殖民者还不知道他们的这个广袤的国家的内陆究竟是个什么样子。有人认为是一个巨大的内陆海，而其他人则担心只是沙漠。1859年，南澳大利亚政府悬赏奖励第一个由南而北穿越澳大利亚大陆的人。

有两支远征队声称要拿这个奖项。第一支由罗伯特·奥哈拉·伯克（1820~1861年）及其年轻的伙伴威

我的第一次探索

↗ 骆驼

骆驼是由伯克和威尔斯在远征过程中从印度带过来的。后来证明它们对这里水土不服,大多数最终都被探险者们杀掉食用。那些得以生存下来的骆驼的后代仍然生活于内地。

○ 早期的澳大利亚

土著人早在4万多年前就已经到达这块大陆。他们与世隔绝,依靠狩猎和采集为生,他们捕捉袋鼠和其他动物,采摘野生植物、坚果和浆果为食。当欧洲人开始在这里殖民后,他们被驱赶出自己的家园。

← 现代的土著人

在1788年欧洲人到达这里之后,土著人在他们自己的国家中沦为二等公民。今天澳大利亚内大约还有25万土著人。

↗ 回飞镖

土著人用向猎物抛回飞镖的方式猎杀野生动物。如果不能命中目标的话,它还会再飞回来。

↗ 乌鲁奴

"乌鲁奴"这个名字意思是"巨大的鹅卵石"。它是位于澳大利亚中部的一块巨大砂岩,有2.4千米长,土著阿兰达人认为它是神圣的。它也叫"埃尔斯岩"。

廉·威尔斯(1834~1861年)率领,伯克与其说是一个探险家不如说是一个冒险家。这是一支在澳大利亚组织的规模最大、花费最多的远征队。它由15个人组成,并带有马匹和骆驼。他们从墨尔本出发向北到达了卡奔塔利亚湾。但是由于这支远征队组织不善,伯克和威尔斯在南返的途中死去了。

另一支远征队则更为成功。领队人约翰·斯图尔特(1815~1866)是一个经验丰富的探险者,他知道如何在人烟稀少的内地生存下来。他从阿德莱德出发,试图穿行大陆,但是受到了土著人的阻挠。他再一次开始,但是又受到了漫长的荆棘灌木丛带的阻挡。1862年7月,他最终到达了达尔文城。斯图尔特证实,澳大利亚内陆实际上就是沙漠。他的旅程开启了英国人向内陆殖民的征程。

历史深追踪

"黑色大陆"的秘密

虽然非洲大陆并不是新发现的大陆,但人们真正了解非洲却是从19世纪,众多探险家深入非洲腹地的一系列探险活动开始的。

欧洲人所知晓的非洲的唯一部分就是其海岸线,很长的海岸线都是荒凉的地方,那里几乎没有什么天然港口,好多地方都是干燥的沙漠或是潮湿的雨林。其中的许多河流经由沼泽三角洲注入大海。欧洲的旅行者很少进入非洲内陆。

18世纪末,欧洲人从在几条大河和广大的撒哈拉沙漠探险开始,向非洲内陆挺进。1770年,詹姆斯·布鲁斯(1730~1794年)在现在的埃塞俄比亚的东部发现了塔纳湖。他意识到这是青尼罗河的源头(尼罗河的一条主要支流)。在西部,蒙戈·帕克(1771~1806年)于1795年开始对神秘而少为人知的尼日尔河进行探险,该河流经内地,似乎并没有注入大海。他发现,这条河实际上是向东流,而不是人们所一直认为的向西流,然后又向南流至廷巴克图附近。然而,他并不知道在此之后会发生什么,他的独木舟受到土著部落伏击,帕克溺水而亡。

50多年后,人们把注意力转移到了撒哈拉沙漠。1828年,一个名叫雷内·凯烈(1799~1838年)的法国探险家成为第一个探访神秘而令人敬畏的廷巴克图城并且最终生存下来的欧洲人。廷巴克图城是一个与基督教关系十分密切的城市,凯烈非常失望地发现,那里所拥有的只是泥房子而非富庶的建筑物。当他返回法国时,没有什么人相信他的话。然而他的说法后来得到了德国探险者海因里希·巴尔特(1821~1865年)的证实。巴尔特在19世纪50年代代表英国政府对这个地区进行了

↗ 理查德·伯顿

理查德·伯顿是一个无畏的探险家。1853年,他曾经化装成阿拉伯人的模样访问位于沙特阿拉伯的圣地麦加城。

■ 我的第一次探索

探险。

1857年，两个勇敢的英国探险者理查德·伯顿（1821~1890年）及其朋友约翰·斯皮克（1827~1864年）解决了非洲的一大谜题——尼罗河的源头问题。他们对东非的各大湖都进行了探险。伯顿病倒后，斯皮克独自继续探险，经过两次尝试，他发现，尼罗河源头是从维多利亚湖（是斯皮克以当政的英国女王的名字命名的）北端流出来的雷彭瀑布。于是，非洲内陆逐渐褪去了其神秘的光环。

↗ 廷巴克图城

14世纪，廷巴克图城成为横贯撒哈拉沙漠的一个繁荣的贸易城市。几个世纪之后，这里以财富和学识而闻名，虽然当时没有欧洲人造访此地。

○ 奴隶贸易

第一批黑人奴隶是由阿拉伯人在1 000多年前用船运出非洲的。当地统治者通过把从敌对部落抓来的人变为奴隶而致富。1482年，葡萄牙人建立贸易站，向新大陆输出奴隶。其他国家也加入到这一行列中来。1701~1810年间，共有700多万非洲人被贩卖到美洲。19世纪早期，欧洲废除了奴隶贸易，但阿拉伯人继续从事奴隶贸易，直到1873年赞比亚最大的奴隶市场关门为止。

← 奴隶的生活

奴隶在新大陆的种植园中每周工作6天，每天要劳动很长时间。如果奴隶想逃跑，他就被戴上一个重重的带有长钉子的铁领，这使得他很难再次逃跑。

↙ 抓捕奴隶

在西非，拥有武装的奴隶贩子抓捕年轻的非洲人，并把他们带到奴隶站点准备运走。

历史深追踪

抢先到达"北极点"

人们开始的北极探险源于一次偶然事件。1881年，轮船"雅耐特"号在西伯利亚海岸沉没。3年后，残骸出现在距离格陵兰海岸4 800千米远的地方，这恰好是北冰洋的另一端。

"雅耐特"号事件引起了极大的混乱，因为每个人都知道，北冰洋中存在着厚厚的冰盖。船骸是怎么漂到这么远的地方的呢？它又是如何通过那些浮冰的呢？

挪威探险家弗里德约夫·南森（1861~1930年）决定找出其中的原因。他推算，船骸只能靠着巨大的洋流的冲击力量推动其向前漂流，是洋流推动着船骸在浮冰中移动。南森为此设计了一条名为"弗拉姆"号的船，他驾驶着它进入浮冰水面，让洋流推动它前行，就像"雅耐特"号当初被推动一样。他断定，洋流会把他带到北冰洋中的北极点附近。在3年的时间里，"弗拉姆"号在浮冰中从

↙ "弗拉姆"号

弗里德约夫·南森需要一条坚固的船来实现他的计划。"弗拉姆"号被特别设计成与北冰洋的冰冻结在一起，以便使它能随着洋流在北冰洋中一起漂浮而免受损坏。南森希望这个冰船能够朝着北极方向漂浮。虽然这只船恰好穿越北冰洋，但是它并没有像南森所设想的那样靠近北极点。

冰山和冻结的重叠浮冰块堆积在"弗拉姆"号探险船的两边

船身建造得能够顶得住冰层的巨大压力

我的第一次探索

雪橇犬
雪橇犬身上长着两层厚厚的毛,这可以帮助其抵御北极的极度严寒和冰雪环境。它们被驯化后,可以在冰上拉着装满设备的爬犁前进。

极点底下没有陆地,而只是一个大冰块而已。

南森并不是第一个探索北极的探险者。1861~1871年之间,美国人查尔斯·霍尔(1821~1871年)曾经3次尝试徒步旅行,并且死在了最后一次的旅途中。但是正是南森的航行大大激发了各国对北极的兴趣,掀起了到达北极点的一个竞赛。1897年,瑞典工程师所罗门·安德雷试图乘坐气球飞抵北极点,但是他在斯匹次卑尔根群岛起飞后不久就失事身亡。罗伯特·皮瑞(1856~1920年)则更为成功。他是美国的一位探险家,1886年开始第一次造访北极的尝试。在后

西伯利亚漂流到了格陵兰岛东侧的斯匹次卑尔根群岛。尽管南森没能到达北极点,但是他确确实实地证明了北

○北极是什么样子?

北极位于北冰洋之中,它终年为浮冰所覆盖。这些冰漂浮在洋流之上,经常碰撞并被撞成10米甚或更高的冰山。

海豹皮帽
第一次到北极探险的欧洲旅行者穿的是多层的羊毛衣物,这无法抵御北极的寒冷。后来,他们学会了身穿因纽特式的用动物毛皮做成的衣服,例如这个海豹皮帽。

北极的补给
飞机在向北极运送物资的过程中发挥了重要作用。1926年,美国探险家理查德·伯德和弗洛伊德·贝内特乘坐飞机抵达北极点。

肉糜压缩饼
到北极进行长期探险的理想食物就是肉糜压缩饼。它是用烘干的碎肉加上炼油一起制成的。其中含有丰富的热量并可以安全存放好几年的时间。

历史深追踪

来的22年中,他把生命献给了北极探险事业。他一次又一次地探访北极,每次都离他的目标北极点越来越近。1908年,他从格陵兰岛的西海岸出发,并在埃尔斯米尔岛的哥伦比亚海角建立了大本营。他的"六强队"从那里出发,疯狂冲刺,并于1909年4月到达了北极点,然后他们匆忙地返回大本营。世界的极点被征服了。

不过有人怀疑,皮瑞是否是真的到达过北极点,因为他在一天的时间内走了112千米的往返路程。现在,大多数人都认为皮瑞并没有真正到达北极点。

最后一块陆地

1909年,罗伯特·皮瑞成功地到达北极之后,所有的人开始把目光转向南极。因为南极是世界上最后一块尚未被征服的地方,所以深深地吸引着众多的探险者。

但这是一个令人生畏的地方,不像北极,南极为陆地覆盖。辽阔而寒冷的南极大陆是世界上最冷的地方,分布着许多山脉和冰川,这使得旅行变得极其困难。此外,南极大陆被浮冰和冰山包围着,这些浮冰和冰山一直延伸到南海。

有两个人打算征服这个冰天雪地的荒野。第一个人是英国的探险家罗伯特·斯科特,他于1901~1904年造访这一地区,并认为自己将是这一地区的征服者。正当斯科特紧锣密鼓地准备带领南极探险队出征而名声大噪之时,另一个探险家挪威的罗尔德·阿蒙森也加入到这一竞争行列中来。他对外保密他的计划,以防止斯

↗ 企鹅
南极是各种企鹅的故乡。虽然企鹅不能飞,但是它可以用翅膀游泳。

· 103 ·

我的第一次探索

科特加紧准备的步伐。阿蒙森也是一个经验丰富的极地探险者，而且他的准备和装备要远远好于斯科特。

这两支探险队都于1911年1月到达了南极洲，并且分别在罗斯冰架的两侧过冬。然而，阿蒙森要比斯科特早两周离开那里，并向南极前进了110千米。他已做好充分准备，在沿途的驿站中备好了食物。他的"五强队"进展迅速，登上了陡峭的阿克塞尔·海伯格冰川之后到达了南极周围的高地。他们于1911年12月4日到达南极。斯科特虽然于11月1日即已开始行动，但是由于更为恶劣的天气而放慢了进程，他们最终于在1912年1月17日才到达了南极，比阿蒙森落后了一个月。

阿蒙森的队伍每18千米就设置一个供应站，配备食物及其他救援物资。探险技术和装备确保了他的所有队伍得以安全返回。但是斯科特及其探险队则是全军覆没。前往南极的竞赛结束了，虽然阿蒙森赢得了胜利，但斯科特的悲惨探险结局同样备受瞩目。

○ 斯科特的旅程

1910年，罗伯特·斯科特登上前往南极洲的"特拉诺瓦"号轮船。他在埃文斯角过冬之后，于1911年11月开始向南极进发。斯科特和他的对手阿蒙森不一样，虽然他也用矮种马和狗拖拉爬犁，但是矮种马都被冻死了。结果他的5支队伍行进速度缓慢，当他们于1912年1月17日到达南极时，却心灰意冷地发现，阿蒙森已经打败了他们。而且这5支人马都死在了归途上。

← 罗伯特·斯科特
海军军官罗伯特·斯科特（1869~1912年）于1901年开始带领一支科学考察队远征南极。在1910~1912年的那次不幸的南极探险中，他终究实现了这一世界奇想。

← 斯科特的大本营
斯科特在罗斯冰架东侧的埃文斯角建立了大本营。他和队员们一起在这里度过了1911年的冬天，规划他们去往南极的路线、研究地图并撰写书信和报告。

古今战"疫"

GUJIN ZHAN "YI"

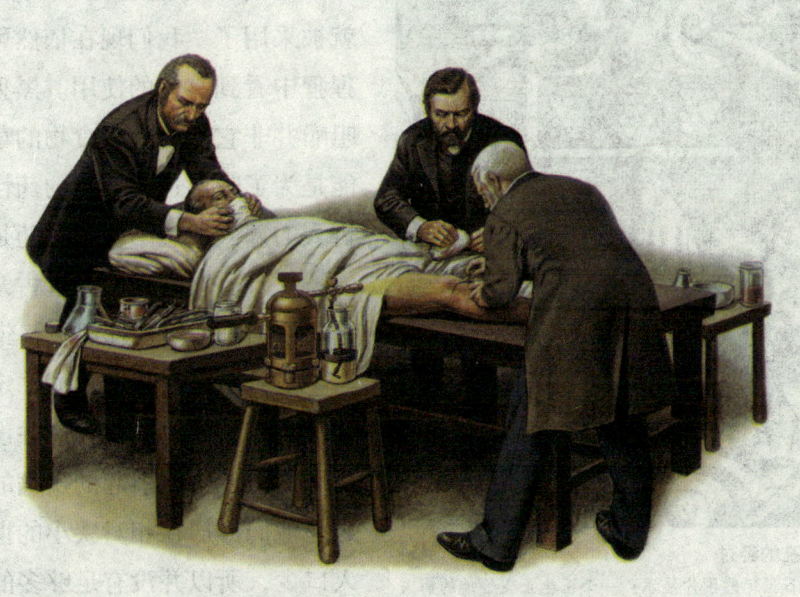

我的第一次探索

医学从"蒙昧"走来

> 自从有了疾病,人类就开始了摸索治愈的方法,这就是最初的医学。由于没有任何药理知识,医学这条路注定是漫长的,从"蒙昧"走向"科学"的过程。

人类早期的遗留物证明了他们在医学技术上的水平。其中最令人惊讶的是带有光洁的孔洞的头盖骨。制作这些孔的过程叫做穿孔。这些孔可能是被用于将疾病从身体中祛除出去。钻了孔的头盖骨在欧洲和南美洲都有发现。值得注意的是,其中的一些头盖骨显示出打了孔的骨头的边缘已经缝合了,所以病人在手术之后还存活了不短的时间。有的甚至还显示一个头盖骨上在不同的时间被打上了不同的孔。

草药很可能也是在人类最早期就被采用了。我们现在依然可以在黑猩猩中看到它们的使用。黑猩猩经常咀嚼并非它们的日常食物的草药,可能是为了吸取这些草药的药性。在远古人的墓穴遗迹中发现草药是很常见的,并且,在现代人的远古亲戚——穴居人的墓穴里也发现了草药。

虽然史前时代的人们一定经受了许多疾病,但是他们可能并没有经历后来的由传染病引起的疾病的迅速蔓延。他们群居在相对狭小的世界里,人口少,所以并没有足够多的人导致病菌的迅速传染。

到了公元前3000年,人们开始住

↗ **钻孔的经过**

这幅16世纪的图片显示:一个医生正在给他的病人钻孔。在古代世界,人们在头盖骨上钻孔以释放头脑中的某些幽灵。钻孔是非常危险的,因为它会使细菌入侵人的大脑,许多病人因此而死去。

○美索不达米亚和埃及的医学

目前保留下来的最古老的医书是古埃及的《埃伯斯》纸草卷古医书。它能追溯到公元前1550年。这一古医书卷长20米以上，描述了许多疾病和治疗方法，包括700多种药物和800多种疗法，甚至有被鳄鱼咬伤的治疗方法的记载。《埃伯斯》的重点是治疗各种疾病的药方，包括药名、服药的剂量和服用的方法。它同样还介绍了护身符和符咒。虽然这一古医书上介绍的药的效果并不太好，但是其中有些药在我们今天依然很常见，包括鸦片和大麻。

← 伊姆贺特普

伊姆贺特普是生活在4500年前的古埃及人，是一位祭司。他留下了许多详细的对疾病及其治疗的描述。在他死后，他被人们像神灵一样供奉了起来。

→ 外科手术工具

这些青铜材质和铜质的刀是古美索不达米亚人留下来的。它们被用于移除死去人们身上的器官。

在较大的城市里，例如巴比伦城。在古代的文献里有许多记载，说明传染病出现了。到了大约公元前1700年，巴比伦的医生必须要遵循一定的律法，这些律法被写在巴比伦法典上。其中之一是宰杀动物观察它们的器官，以预言一个病人是否会死去。

古埃及人留下了大量的疗程和药材的详细记载。古埃及的医生在治疗特殊的疾病方面已经有了不小的成就。其中最著名的是伊姆贺特普，他同时也是一位高级祭司、一位建筑师和一位占星家。埃及人相信是某种精神侵入到了身体里从而引起了疾病，他们用外科手术将头骨打开，并缝合伤口。然而，他们对人体的内部解剖不感兴趣。这很令人惊讶，尤其他们还要通过将人体内脏掏空以制作木乃伊。古埃及的大部分医学都使用草药治病。

我的第一次探索

古印度千年外科手术

> 印度医学的第一阶段大约是从公元前1500年旁遮普的印度人入侵开始的。这期间宗教圣典《吠陀》成书，书中涉及医学相关的知识，但这些知识难免交织着传说的成分，使医学夹杂着神话。

成书于公元前1200~前900年之间的《吠陀》是印度的系列经书，其故事的年代可能更加久远。在《吠陀》所记载的有关宗教故事的章节中，也有对于身体结构和包括水肿、肿瘤在内的疾病的详细治疗处方。《吠陀》中介绍的治疗方法包括草药治疗和祈祷以及驱除病魔的特殊仪式。直到公元前1000年，《吠陀》的医学实践一直在进行着。

公元前1000年之后，一个医学校在印度出现了，依然是以《吠陀》为基础，但是从其他的体系中，吸取了一些新观念，这就被叫做"生命医学"。它的原理被写在两本影响深远的书中，这两本书就是罗迦编写的《罗迦集》和妙闻的《妙闻集》。两人都认为欲望能扰乱人体平衡，因此只能适度满足。印度人认为身体是由3种物质或元素组成的，它们是空气、唾液和胆汁。健康的人必须保持3种物质的平衡。这3种物质相互作用，从而产生血、肉、脂肪、骨头和骨髓、乳糜、精液等。印度传统医疗方法包括恢复这几种物质在身体中的平衡，使用了祈祷、草药、食物，甚至外科手术的混合办法。

印度医生在诊断病情上很有技巧，当他们还是学徒时，就得背诵《吠陀》上的段落，这样在诊断病人时，就会想起经书上相应的诗文，这些诗文能帮助医生作出正确的诊断，并提供合适的治疗方法。他们有大量

↗ 火神
阿格尼是印度神话中的火神，当人们发烧的时候就向他祈祷。

历史深追踪

○印度的外科手术

印度外科医生发明了最初的外科整形手术。他们能够重塑经常是因为受到了惩罚而被割掉了鼻子。他们将身体其他部分的皮肤移植到受伤害的地方,从而实现了皮肤移植。羽毛管子被放在病人的鼻孔内以帮助病人呼吸,直到他们的伤口愈合为止。西方的外科医生对这些技艺甚感惊讶。一系列的关于这种技术的书籍于1794年在欧洲出版以后,欧洲人也学会了这些技艺,并把它们叫做"印度方法"。

↗ 外科手术的工具

印度医生们发明了许多复杂的外科技术。他们利用一些如图所示的钢制工具展开手术,这些工具可以追溯到1100年前,钢不会生锈,这就使手术更加卫生。

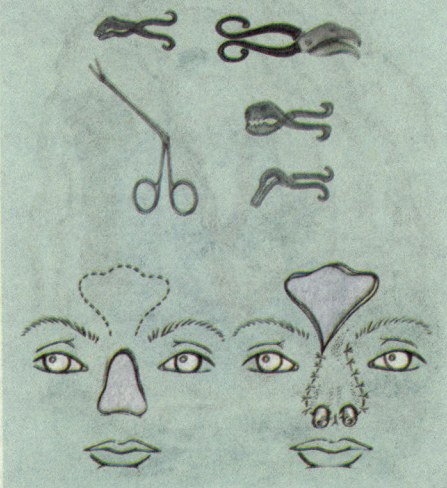

↗ 重塑鼻子

印度的古代医学已经发展到了能够进行外科整形的水平。他们知道在鼻子的整形中如何修补邻近的皮肤。这需要维持血液的供应,防止经过整形的鼻子发生塌陷。

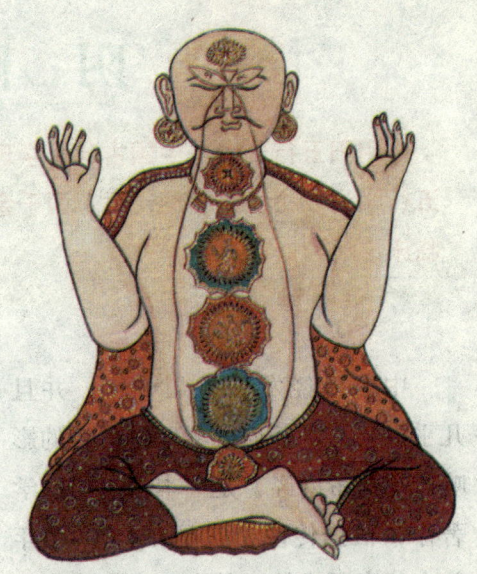

↗ 如莲打坐

冥想和锻炼是印度医学中的重要部分。如莲打坐是瑜伽的冥想中的一个动作,瑜伽能帮助身体达到精神的宁静和平衡的作用。

的草药可以选择,比如用动物肢体或矿物质制成的药。使用的药物包括大象的粪便和尿、孔雀和鳄鱼所下的蛋等。部分由于宗教的原因,卫生对于外科医生显得很重要,医生强调经常清洁牙齿和清洗身体的重要性。

印度的外科医生技巧熟练,他们的工作包括去除肿瘤和白内障、修复断裂的骨头、缝合伤口、接生和截肢等,他们甚至能移除膀胱里的结石。印度人可能在公元前800年就能进行的外科手术,欧洲人在19世纪才能达到相同的水平。

我的第一次探索

阴、阳和气

> 阴阳五行学说是中国古代哲学理论。自从在《内经》中广泛运用阴阳五行学说来论述医学理论后，两千余年来，这一学说一直在指导着中医的临床诊断和治疗。

中医已经发展了几千年，并且几乎没有受到任何外界医学体系的影响。《黄帝内经》是一本古老的医学著作，根据传说，它是在4 000多年前由黄帝写成的。其实这本书更像是在公元前200年左右的作品，它奠定了自那以后的中国传统医学的基础。

中医是基于阴和阳的观念的基础之上的。这两个观念截然不同并相互矛盾。阴代表的是例如女性、黑暗和潮湿，阳代表阴的对立观念，例如力量、光明和干燥。在《黄帝内经》中，阴和阳被认为是能够控制身体的调和的，它们被看成是就像一个国家的统治者和管理者一样。而这个"国家"又被看做是有12条小的河流，它们被分成更小的经脉，承载着血液和"气"。

这些经脉将人体的器官彼此连接起来。例如，肾与耳朵相连，肺连着鼻子，鼻子连着心脏，心脏连着舌头。当这些经脉按顺序工作正常的时候，人体就是健康的。在各个经脉相连接的联结点会影响"气"的流转。

由于融入了从印度传来的佛教，中国的宗教不鼓励对人体进行切割手术。因此，医学的主要基础假设是"气"对人体产生的影响。治疗方

▷ 神农氏

这个传说中的帝王生活在大约公元前2700年，人们认为是他发现了中草药。他区分了365种草药。神农氏对后人的贡献在大约2 000年前的《神农本草经》中记录了下来。

法通常包括针灸——一种特别的针被插入上百个穴位点中的一些,由此"气"就通畅了,身体就会恢复健康。有些时候,晒干的草药果实也用于在这些穴位上点燃,同样也是为了促进血液循环。针灸已经有4 500年的历史了,至今仍然是中国传统医学的重要组成部分,西方也采纳了这种方法,特别是用于止痛和戒毒。

中医主要使用草药治病。今天,许多的草药都已经同西医结合了起来,例如蓖麻油、樟脑、大风子油等用来治疗麻风病,含铁质的药物有助于治疗贫血症等等。人参是众所周知的中药中的补药,用于巩固身体,防治疾病。

古代中国发明了种痘的方法来防治天花。他们从一个长了天花的人体上摘取一定的脓,把它注入健康人的身体,这会使天花的发病非常轻,以免大面积传染。欧洲人直到18世纪才发明了种痘的技术。

◎保持平衡

如果一个人病了,保持"气"和身体的其他元素的均衡是很重要的。人们通过锻炼、冥想、食物或者其他的方法达到这一点。许多中药都是用被认为是具有特殊疗效的物质组成的。

→ 气道
针灸用的针被插入皮肤下面的经脉的各个穴位上。而这些穴位离需要治疗的地方可能还很远。

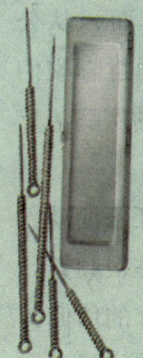

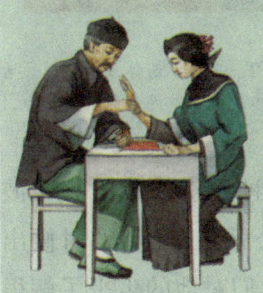

← 医生和病人
传统的中国医学包括医生和病人之间的长谈。医生要治疗的是整个的身体,而不仅仅是某种疾病。

← 针灸用的针
针灸专用的针很长。它们可以插入身体2.5厘米以下,然后转动针头以使体内的气血通畅。现代的针灸师通常用针向体内导入一小股电流。

■ 我的第一次探索

古希腊的"体液平衡"论

在很多地方，医学的产生和发展都与宗教有关，如前面提到的印度医学。在希腊，也不例外，人们一开始相信神会治愈他们的疾病，不过希腊医学的伟大在于，它最终得以和宗教分离开来。

古希腊著名医生阿斯克勒庇俄斯生活在大约公元前12世纪。根据神话传说，由于他是如此善于给人治病以至于他最后变成了一个神。病人前往他的阿克勒帕神庙里，并在这个神庙里睡觉，因为他们相信当夜晚来临的时候阿斯克勒庇俄斯就会来给他们治病。食物和沐浴也被认为是治疗的一部分，但是最主要的治疗方式还是祈祷和神奇的仪式。然而，从公元前4世纪开始，古希腊的哲学家们开始寻找更具有实践意义的疾病治疗方法。

由于亚历山大大帝的征服活动，古希腊同中东和亚洲的交往很频繁。可能从印度传入了《吠陀》的信仰，这也就解释了为什么古希腊的哲学家开始相信宇宙是由4种元素组成的：气、土、火、水。这也同时导致了他们认为身体也是由4种元素组成的观念。

西方的医学之父希波克拉底也

↗ **四体液学说**

这是一幅中世纪的插图，揭示了四体液的学说。古希腊的哲学家认为身体是由4种元素组成的：血、黏液、黄胆汁和黑胆汁。它们之间必须保持平衡。

认为人体是由4种元素构成的。希波克拉底在大约公元前460年的时候出生于科斯岛，人们对他的生平了解很少，即使是现存的他署名的医书也是由别人写成的。希波克拉底认为疾病是由自然原因引起的。他强调诊断的重要性，并鼓励医生写下所有他们知

· 112 ·

道的疾病的发展过程。他认为身体能自发地康复，并且能通过饮食、锻炼和休息加速康复的过程，这些有助于恢复体液平衡。假如病情没有起色，可以通过放血或者让病人出汗的方法去除部分的体液。这些方法通常都是有效的，虽然他们所依据的理论是错误的。这也是为什么关于体液的理论和希波克拉底的治疗方法能够在西方医学中存在到19世纪的原因。

◎身体的自我康健

希波克拉底和他的医生伙伴们相信他们的工作就是帮助身体的自我康复。虽然鸦片可以用于缓解疼痛，但是他们很少使用。外科手术没有被广泛应用，虽然古希腊人留下了关于头部钻孔技术的详细记载，为了缓解与头骨摩擦所产生的热量，希波克拉底甚至建议外科医生不时地将手术刀和钻孔器浸到冷水里。他的著作中记载的治疗肩膀脱臼的方法直到今天还在使用，被称为希波克拉底法。

← 曼德拉草

曼德拉草的根被认为是很有魔力的，因为它看起来就像人的身体，而实际上它的毒性很大。

← 放血

生产于公元前470年的古希腊陶瓶描绘了医生准备给病人放血，这些血将被搜集到他们的罐子里。

可怕的瘟疫大流行

从古至今，人类遭遇了无数的瘟疫，其中有些瘟疫特别严重，如对人类后代的影响巨大的有：黑死病、鼠疫、天花、流感等。这些瘟疫的大流行除了可造成死亡、摧毁城市国家、瓦解文明之外，甚至可以歼灭族群、物种。

公元540年，一种令人恐怖的疾病袭击了欧洲。这种疾病被称为"贾斯廷鼠疫"，它是以当时拜占庭皇帝贾斯廷的名字命名的。许许多多的人丧生，贾斯廷的帝国险些就此被摧毁。14世纪，这种病又在欧洲出现

我的第一次探索

跳蚤

黑死病是由跳蚤传播开来的，这些跳蚤咬过已经染上病菌的老鼠，然后传播给人类。在14世纪和15世纪的欧洲，老鼠在城镇里大量滋生。

了，这一次它的名字叫"黑死病"。1348~1351年之间，这种疾病杀死了大约2 000万人。

这种瘟疫在1347年到达了君士坦丁堡，是由在蒙古骑兵的进攻下往西逃的亚洲商人带来的，而他们是从他们最初居住的草原上感染了瘟疫。虽然人容易染上这种疾病，但是黑鼠更容易感染上它。受到感染的老鼠被跳蚤咬了之后，受感染的血液就传到了

死神的胜利

彼得·勃鲁盖尔的这幅作品绘于1562年。这些噩梦似的死尸展现了瘟疫给人们带来的恐惧。这幅画的名字来源于当时人们的一个普遍的信仰：黑死病代表了魔鬼的胜利。

◎ 黑死病

黑死病的死亡率是如此之高，以至于它改变了整个欧洲社会的结构。在主人的土地上劳作的封建农奴制被摧毁了，土地上没有足够的劳动力。通常情况是，整个村庄都被摧毁了。富裕的人们将逃离城市作为逃避黑死病的方法，但是老鼠也跟他们一同逃亡，所以疾病依然无法得到抑制。

城镇喊话员

在黑死病最肆虐的时候，"将死去的人区分出来"是城镇喊话员最常说的话。这是迅速传送信息的唯一方法，因为当时很多人并不识字。陌生人通常被禁止进入还没有受到感染的区域。

迅速地埋葬

人们因为瘟疫而大面积死亡，只有富裕的人才会埋入如图所示的私人墓穴。大部分尸体都被埋入了大型的公共墓地，它们叫做瘟疫坑。

死神的房子

瘟疫的牺牲者住过的房子或者门都有红色交叉线做标记。有的房子被封死了，即使里面还有依然活着的健康人。

历史深追踪

跳蚤身上，然后跳蚤再把这些病菌传染给了人。

染病的人颈部、腋窝、腹股沟会发生肿胀，皮肤会流血，对于那些感染上该病的患者来说，痛苦死去几乎是无法避免的，没有任何治愈的可能。尸体堆成了一座座山，医生们束手无策。即使是把这些染上病的人隔离开来也无济于事，因为老鼠在到处逃窜。只有当所有的老鼠都死光了之后，这一瘟疫才会慢慢地停歇下来。然而，瘟疫还是会时不时地再次发生。19世纪，瘟疫又有了一次大的爆发，即使在今天，瘟疫有时也在折磨着我们。

黑死病并不是在中世纪袭击了欧洲的唯一瘟疫。麻风病在当时也十分常见，虽然这种疾病并不是十分容易传染，但人们对麻风病人感到很害怕，并把他们当作是被社会遗弃的人。霍乱和伤寒症也时有发生。霍乱尤其令人害怕，因为它导致了被感染的人大量死亡，并且人们并不知道它是由什么引起的。事实上，它是由下水道的污水和河道里的下水道垃圾引起的，人们会染上这种疾病是因为病菌感染了饮用水和食物。

药物对这些传染病无能为力，所以当瘟疫爆发的时候，陷入恐惧的人们能做的只有祈祷。

理发师当上了外科医生

在中世纪的欧洲，很多手术是由理发师完成的。这听起来或许很可笑，甚至是很可怕，但是在那个时代，外科学并不是一门重要的医学，人们只把它当作是一种附属的医疗行为，或是不到最后关头不得不使用的手段。

外科可能是最古老的医学技艺了，即使只是按住通往伤口的血管以防止血液的流失也是一种外科技艺。史前的骨骼向我们揭示，某些骨骼接受过正骨法的矫正。一些古代的文明已经掌握了非常复杂的外科技术，可以对眼睛，甚至是肠进行手术。然而，在中世纪的欧洲，这些技术基本上都消失了，大多数欧洲的医学院是不教授怎样进行外科手术的。作为最

■ 我的第一次探索 ●●●●

后的保存方法,这一领域留给了理发匠或者其他的并没有经过专门训练的人们。

文艺复兴时期,人们试图提高外科学方面的技艺。兼职做外科医生的理发师于1540年在伦敦成立了他们自己的行会,以便于给从事外科手术的人提供指导。然而,许多病人依然因为卫生条件差,容易感染而死去了。

1547年,法国医生昂布鲁瓦兹·帕雷抛弃了传统的用难以忍受的火红的烙铁治疗伤口的方法。他发现可以通过给血管打结而阻止伤口血液的流出,这种方法不仅减少了病人的痛苦而且死亡率也降下来了。又过了

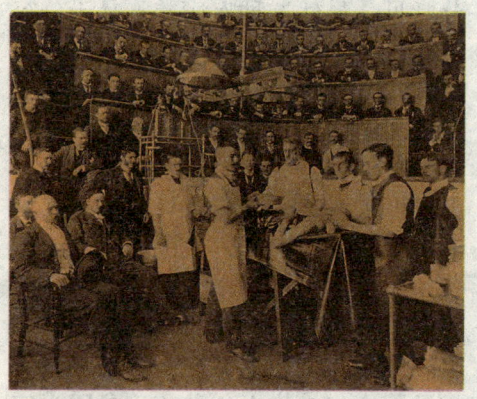

↗ 手术展示
这幅照片拍摄于1898年,地点是纽约的贝尔维尤医院。外科手术的从业者和医学院的学生在观看手术示范,以便于学到最新的手术技术。

◎ 早期的手术

手术在公元2 000多年前的美索不达米亚和公元前100年的印度就已经存在了。印度的手术技术很发达,并且还留下了如何去除病人白内障的十分详细的记载。然而,在古代中国,任何对身体的手术都是不被鼓励的,医生几乎不给病人做手术。古希腊人和罗马人对手术的发展作出了大贡献。他们的技术传播到了阿拉伯世界,最终又传回了欧洲。

↙ 止血带
止血带用于切断手术之后的止血。带子将手术切口的上部紧紧地缠起来,然后旋紧带子,这样血液就被阻滞,从而不会造成伤口流血不止。

← 给病人放血
放血是最早的也是最常用的外科手术之一。后来的很长一段时间里,这种手术是由理发师兼职执行的。放血被用于几乎所有的疾病,病人常常已经是奄奄一息了,放血会使他们更加虚弱并最终死去。

↙ 锯脚
切断手术是非常残忍的手术。手术过程必须迅速,以免病人因为极度的痛苦或者是流血过多而死亡。这幅图作于1618年,在图中,医生已经将火红的烙铁放在火堆里加热,以便于手术过后用于止血。

两个世纪，一些更好的治疗伤口的方法才被人们发现。

到了18世纪，随着解剖学的不断发展，去除病人的肿瘤或是发生了病变的骨头成了很正常的手术。为了最大限度地减轻病人的痛苦，切断手术一般都是在5分钟之内完成的。病人服用鸦片或大麻作为镇静剂，医生的助手们帮助医生将病人固定住。然而，一些病人依然会死于卫生措施的缺乏造成的感染。

18世纪60年代，英国的理发师兼外科医生约翰·亨特将外科手术从理发师的业余爱好变成了建立在科学的基础之上的职业。他四处演讲，著书立说，并且搜集了大量的医学标本。

约翰·亨特是一位专业的解剖学家，当大量的医院建立起来的时候，产生了所有者不明的尸体，这些尸体被送到医学院去，供学生们进行解剖实验使用。

一旦痛苦和感染可以受到控制，手术的风险就降低了很多，对于较小的疾病进行手术也是很常见的了。阑尾在16世纪就被医生们意识到，但是切除阑尾被看做是非常危险的手术。到了1902年，弗雷德里克·特勒弗斯在威尔士王子被加冕为国王爱德华八世之前切除了他已经脓肿的阑尾，这为弗雷德里克·特勒弗斯赢得了爵士的头衔。从这以后，割除阑尾成了非常常见的手术。

杀死细菌！

> 早期的手术是非常危险的。当时还没卫生的观念，外科医生穿着他们平常的衣服，上面溅上了斑斑血迹。他们使用连续用过多次的器械，而没有想到要对它们进行清洗。

生孩子又发高烧的妇女是非常危险的，手术杀死了许多正在分娩的妇女。一位医生斯密尔维斯意识到刚做过人体解剖就来进行手术的医学学生更容易造成病人的感染。他还发现如果学生们并没有去过停尸房，那么感染就不怎么会发生。由此，斯密尔维斯坚持要求他的医院保持良好的卫

■ 我的第一次探索 ●●●●●

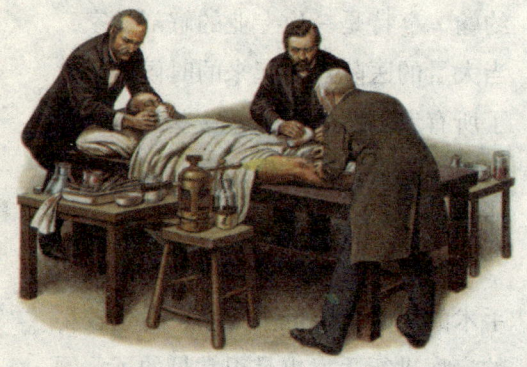

↗ **手术刀下**
从19世纪60年代开始，手术都是在有灭菌措施的情况下进行的。使用苯酚喷雾为房间消毒，手术不仅更加安全，而且更加舒适了。麻醉剂的运用可以使病人在没有知觉的情况下接受手术。

生。这一措施实行后，死亡率骤降。但由于受到许多医学同僚强烈反对，斯密尔维斯最后不得不放弃他在维也纳的实践。

此时，没有人意识到是微生物导致了疾病的传播。直到19世纪60年代，路易斯·巴斯德发现了细菌的感染。英国的外科医生约瑟夫·利斯特作出了更进一步的贡献。他注意到了大量的人因为骨折而死亡。但如果骨折没有穿透皮肤，那么感染就几乎不

○ 消灭痛苦

麻醉剂已经有很长的历史了。古希腊人用药物减轻痛苦。到了19世纪，鸦片作为止痛剂得到了广泛的使用，酒精也用于使病人放松心情。乙醚和一氧化二氮（笑气）是最早的现代麻醉剂，它们几乎是同时被发明的，并且都是通过吸入的方法使病人麻醉。此后不久，氯仿的作用被发现了。在最初的一些反对声过后，这3种麻醉剂得到了广泛接受和运用。

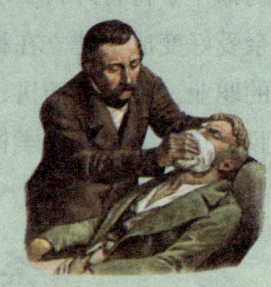

← **威廉·莫顿**
莫顿是一位美国牙医，他将乙醚作为麻醉剂使用。在1846年，他帮助一位医生麻醉了一位病人

← **第一位牺牲者**
1848年，汉娜·格雷纳成了氯仿中毒死亡的第一人。她当时只是做一个割除脚趾甲的小手术。

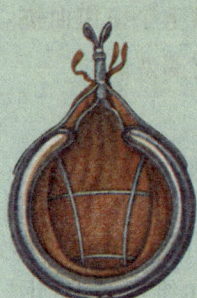

← **氯仿套**
用布料做的套子放在氯仿和乙醚中浸泡，然后再把这些套子严实地套在病人的嘴巴和鼻子处，病人就通过这样的方式呼吸到了麻醉剂。

会发生。而如果骨折使骨头穿透了皮肤而暴露在空气中,那么感染是极容易发生的,并且容易造成伤者截肢或者死亡。

当约瑟夫·利斯特同时发现了路易斯·巴斯德的成果的时候,他意识到并不是空气造成了病人的感染,而是细菌感染了伤口。约瑟夫·利斯特曾经听说苯酚可以用于杀死下水道里的细菌,所以他试着在伤口上喷上一些苯酚,结果是令人惊讶的。在他的首批11位病人中,只有一位死去了。人们最初对这一发现持抵制的态度,但是一旦人们开始接受,这就成了对病人的例行程序。灭菌法比让细菌先侵蚀了伤口再想办法治疗更加有效。为了灭菌,外科医生们努力让伤口远离病菌,他们给手术器具消毒,自己戴上头套,穿上长袍。

大约与发明灭菌法的同一时期,几位医生发现了可以通过麻醉剂减轻病人的痛苦。1846年,美国牙科医生威廉·莫顿向人们指出如何使用乙醚减轻病人的痛苦,而约翰·沃伦也在对一氧化二氮(笑气)进行试验。对一氧化二氮的使用当时还是一个新鲜的事物,吸入这种气体容易导致人轻微的麻醉。

让疾病成为历史

> 关于接种疫苗的故事在很大程度上也就是关于天花的故事。这种病毒性疾病在欧洲杀死了许多人或损伤了他们的容貌,在美洲殖民地,它甚至摧毁了印加文明和阿兹特克文明。

天花,是有人类历史以来就存在的可怕疾病。在公元前1000多年前保存下来的埃及木乃伊身上就有类似天花的痘痕。曾经不可一世的古罗马帝国相传就是因为天花的肆虐,无法加以遏制,以致国威日蹙。若干世纪以来,天花的广泛流行使人们惊恐战栗,谈"虎"色变。

1717年,英国驻君士坦丁堡大使的妻子玛莉·维特雷·蒙塔古女士指出土耳其人有传统的方法能治疗天花。他们从已经感染了天花的人的身

■ 我的第一次探索

上取下一块脓并把它植入到另一个人的皮肤下面。这个被植入了脓的人即使长了天花，病情也会非常轻，并且不会留下疤痕。更加重要的是，这个人从此以后对一些感染似乎有了免疫力。蒙塔古女士还很大胆地将这种方法用在了她儿子身上。很快，这种方法就在欧洲广为传播了。

下一个发展是英国人詹纳做出的。他听说在挤奶厂工作的妇女从牛那里染上了牛痘之后就不会生天花了，而牛痘却是一种更为温和的疾病。1796年，詹纳给当地的一个孩子注射了牛痘病毒，6个星期之后，他又给这个孩子注射了天花病毒。在今天，他会因为这种行为而进监狱，但是很幸运，这个孩子活过来了，这种方法被广为传播。到了20世纪70年代的时候才完全消灭了这种疾病，天花成为被人类主动消灭的第一种病菌。

免疫是通过人类自身的防御系统阻挡微生物的侵袭，而不管这种微生物是细菌、病毒还是动物的寄生虫。这在某种程度上反映了古希腊人的观点——相信人体可以自行康复。

人类的免疫体统运用了血液里的白细胞，它们通过表面的蛋白质的样式来识别人体自身的体细胞。当白

○保护人类

流行性感冒病毒或者是艾滋病病毒的变异非常快，所以它们表面的蛋白质的形态也经常变化。这意味着人体对其很难产生有效的免疫。其他疾病例如小儿麻痹症和麻疹就不容易发生改变，所以种痘能够有效地杜绝这些疾病。

→ **路易斯·巴斯德**
路易斯·巴斯德在兔子的大脑里培植出了狂犬病的疫苗。再将其头部和脊髓烘干长达两个星期，这样这种病毒就变得非常弱以至于可以注入人体中，使人体既产生了抗体又不至于会染上狂犬病。

← **小儿麻痹症的受害者**
1921年，富兰克林·罗斯福成了小儿麻痹症的受害者。当时，这种病还叫"婴儿瘫痪症"，虽然它是在罗斯福40岁的时候袭击了他。这种疾病导致他的腿瘫了，但是他不屈不挠，最后成了美国的总统。

← **疫苗枪**
在大的注射疫苗计划中，这种枪经常被使用，它在高压下将疫苗射击到人的身体里，而不需要用针头。这种枪现在已经被单剂量的一次性注射器代替了。

细胞遇到了侵袭的微生物的时候,它们就攻击这些陌生的微生物。白细胞产生叫做抗体的物质来摧毁这些微生物,而其他的白细胞就将还残留的微生物吃掉。细菌就被以这种方式消灭掉了,下一次,这种微生物细菌再侵袭人体的时候,白细胞就"认识"它们上次用于消灭这种微生物的抗体了,它们飞速产生了大批的抗体以至于病菌根本不可能形成。

接种疫苗是以同样的原理建立起免疫功能。疫苗所含有的微生物只能产生非常微小的疾病,它常常带有的是已经死去的微生物或者是微生物的一部分,这足以让身体产生抗体了。只要身体受到了同疫苗里的同样种类的微生物的攻击,抗体就能够保护身体免受攻击。

一次偶然的"伟大发现"

青霉素作为第一种抗生素,它的发现是人类医药史上最重大的发现之一。众所周知,它是英国细菌学家亚历山大·弗莱明偶然发现的。

接种疫苗可以避免许多疾病的发生,几乎没有什么疾病是对付不了的。第一种被消灭了的疾病是天花,此外人们用从南美洲的金鸡纳树上提取出来的奎宁对付痢疾。水银曾经被用于治疗梅毒,但是它的毒性非常强。一种新的叫做撒尔佛散(治疗梅毒特效剂)的合成物在1910年由保罗·埃利希研制成功。1932年,德国科学家多马克研制出了偶氮磺胺,这种红色的合成物可以治疗感染引起的链球菌细菌病,例如脑膜炎。从偶氮磺胺中又发展出了一系列的抗菌药,它们被称为硫胺类药剂,能阻止细菌的繁殖。这给身体的免疫防御系统足够的时间产生出抗体以破坏细菌。硫胺类药剂并不总是有效的,并且有时会带来副作用。同时,它们对有的病菌毫无作用,但由它开始,对新的药物的研发从未停止过。

亚历山大·弗莱明是一位研究人体自然抗菌物质的科学家,他的主要兴趣在于研究眼泪中的溶解酵素,溶解酵素能保护眼睛的表面免受外界病

我的第一次探索

塞尔曼·瓦克斯曼
这位美国科学家在1941年发明了"抗生素"这个词。青霉素被发现之后,瓦克斯曼努力发现更多的抗生素。1943年,他发现了链霉素,这是第一种治疗肺结核的药,他也因此而获得了诺贝尔奖。

菌的攻击。弗莱明也在研究葡萄球菌,这是一种引起疖(jiē)子的病菌。1928年,当弗莱明休假两周后回到实验室时,发现葡萄球菌培养皿中长出了一团青绿色霉菌。在用显微镜观察这只培养皿时,弗莱明发现,霉菌周围的葡萄球菌菌落已被溶解。这意味着霉菌的某种分泌物能抑制葡萄球菌。弗莱明对这种霉菌的鉴定表明,它们有很强的抗菌作用,这种霉菌被叫做青霉素。他当时并没有意识到青霉素的巨大作用,但是,10年后,牛津大学主持病理研究工作的澳大利亚病理学家弗罗理仔细阅读了弗莱明关于青霉素的论文,对这种能杀灭多种病菌的物质产生了浓厚的兴趣,他和助手进行了一系列实验,发现青霉素对许多病菌都有很强的杀灭作用。

提炼工作繁重而艰难,经过共同努力,他们终于制成了以玉米汁为培养基,在24℃的温度下进行生产的设备。青霉素从而很快开始了在临床上的广泛应用,一些传染病的死亡率大大下降,无数生命得到了拯救。青霉素的唯一缺点就是它不能杀死所有病菌。

人们今天依然还在世界范围内寻找能产生新的抗生素的物质,包括探寻深海和热带雨林。当科学家们发现了一种自然的抗生素之后,他们就研究这种物质能杀灭哪些种类的细菌,据此再造出合成物。

许多抗生素都通过破坏细胞的细胞壁达到杀灭细菌的作用,没有了细胞壁,细菌就会死去。抗生素不会对人体细胞有害,因为人体细胞没有严格意义上的细胞壁。

亚历山大·弗莱明
弗莱明对青霉素的发现是非常偶然的,当时他并没有意识到他的发现的重大作用。10年之后,弗罗理和柴恩才开始探索大规模生产青霉素的方法。